Feuilles d'automne

Tamisez le sucre glace

Gâteau
au chocolat

Monter les
en ne

Sablés décorés

Cupcakes

Couper un chapeau sur le premier gâteau

Étalez la pâte

Utilisez la poche à 45°

Ajoutez le beurre, la farine et le sel

Panier de fleurs

Tout choco

Étalez la crème de manière régulière

Faites fondre le beurre

Préparez les copeaux

Enfournez pour 45 min

Purple cake

Bouquet de roses

Mettez la crème dans la poche munie de la douille M1

Étalez les pâtes d'amandes sur du papier sulfurisé

Ajoutez des fleurs en pâte á sucre

Gâteau Arlequin

Feuilles d'automne
Tamisez le sucre glace
Gâteau au chocolat
Monter les blancs en neige
Sablés décorés
Cupcakes
Couper un chapeau sur le premier gâteau
Étalez la pâte
Utilisez la poche à 45°
Ajoutez le beurre, la farine et le sel
Panier de fleurs
Tout choco
Étalez la crème de manière régulière
Faites fondre le beurre
Préparez les copeaux
Enfournez pour 45 min
Purple cake
Bouquet de roses
Mettez la crème dans la poche munie de la douille M1
Étalez les pâtes d'amandes sur du papier sulfurisé
Ajoutez des fleurs en pâte á sucre
Gâteau Arlequin

Sally François

L'ÉCOLE DE LA CUISINE

DÉBUTANTS

Cake design
premiers pas

Photographies : Joanna Lacaze

Réalisation des gâteaux : Sally François

Stylisme : Soizic Chomel de Varagnes

hachette
CUISINE

Introduction

J'AI RÉALISÉ MON PREMIER GÂTEAU DÉCORÉ IL Y A DEUX ANS, À L'OCCASION DES 5 ANS DE MA NIÈCE. JE VOULAIS LUI FAIRE LA SURPRISE DU BEAU GÂTEAU DONT ELLE RÊVAIT, COMME CEUX QUE L'ON VOIT DANS LES MAGAZINES.

Ayant peu de moyens, j'ai utilisé tous les ustensiles de mes placards pour réussir ma décoration. À ma grande surprise, le résultat a enthousiasmé mon entourage. Satisfaite de cette première expérience, cela m'a incitée à continuer tout en apprenant de nouvelles techniques pour m'améliorer au gré de mes inspirations et pour diverses occasions. C'était devenu un passe-temps vraiment amusant.

C'est ce que j'ai essayé de retranscrire dans ce livre : des recettes faciles, réalisées avec peu de matériel et qui enchanteront vos convives. Alors, n'hésitez pas à vous lancer, à vous inspirer des recettes pour créer vos propres décorations ou à mêler différentes décorations pour arriver à un résultat unique.

Sally François

Comment utiliser ce livre

Sommaire illustré

1 Un sommaire illustré ouvre chaque chapitre, avec une mise en évidence des recettes et de la technique associée. Les visuels des recettes vous guideront dans vos choix.

Double page recette

2 – Les informations indispensables pour vous lancer : temps de préparation, temps de cuisson, estimation de la difficulté et du coût.
– Le titre de la recette et la photo du gâteau fini.
– La technique associée que vous apprendrez à maîtriser en réalisant ce gâteau.

3 – La liste des ingrédients à préparer et des ustensiles à rassembler pour la réalisation de la recette et la maîtrise de la technique.

4 – Le conseil pour réussir : des astuces et petits « trucs » de chef pour ne rien rater.

Double page de pas à pas

5 Rappel du titre de la recette et de la technique associée.

6 Chaque étape importante de la recette est photographiée et détaillée dans le texte correspondant pour vous permettre de réussir tous les gestes indispensables.

Sommaire illustré

Double page recette

78 |

POUR 1 GÂTEAU

PRÉPARATION : 30 min | REPOS : 1 h | FACILE | RAISONNABLE

2

Choco-fraisier

TECHNIQUE : *Enrobage en chocolat*

LES INGRÉDIENTS À PRÉPARER — 3 — LES USTENSILES À RASSEMBLER

POUR LES FRUITS ENROBÉS

100 g de chocolat noir	Papier absorbant
100 g de chocolat blanc	Papier sulfurisé
250 g de fraises	Poche à douille

POUR LA BASE

2 gâteaux au chocolat de 20 cm de diamètre (voir page 30)	Moule à manqué de 20 cm de diamètre
Crème au beurre (voir page 42)	Tamis
	Saladier
	Batteur électrique

LE CONSEIL POUR RÉUSSIR

Retirez le chocolat blanc du bain-marie lorsqu'il est fondu mais que quelques petits morceaux restent visibles. Le chocolat continue de fondre après avoir été retiré du bain-marie aussi longtemps que vous continuez à remuer. Vous l'empêcherez de brûler si vous le retirez tôt ou à temps du bain-marie. Lorsque le chocolat blanc surchauffe, il devient grumeleux et granuleux. Il est alors impossible de l'utiliser.

4

Double page de pas à pas

5

80 | CHOCO-FRAISIER • TECHNIQUE : *Enrobage en chocolat*

1 Réalisez les deux gâteaux au chocolat (voir p. 30) et la crème au beurre (voir p. 42). Lorsqu'ils sont froids, coupez-les dans l'épaisseur (voir p. 34). Recouvrez trois des couches de crème au beurre, puis superposez-les. Lavez les fraises et essuyez-les délicatement avec du papier absorbant.

2 Faites fondre le chocolat noir au bain-marie. En les tenant par les feuilles, trempez les fraises en les tournant dans le chocolat noir fondu. Déposez-les sur un papier sulfurisé et laissez-les refroidir.

3 Faites fondre le chocolat blanc au bain-marie. Mettez-le dans une poche à douille ou tout simplement dans un sachet de congélation. Coupez un petit coin du sachet et déposez le chocolat blanc sur les fraises en formant des filaments. Laissez reposer 1 h à température ambiante puis décollez les fraises du papier sulfurisé.

4 Recouvrez le dessus du gâteau de crème au beurre, puis lissez la soigneusement. Déposez les fraises tout autour.

6

Sommaire

I Les recettes de BASE

II Les glaçages et la décoration EN CHOCOLAT

III La déco en PÂTE À SUCRE

IV La déco en PÂTE D'AMANDES

V Autres types de DÉCO

VI Pièces MONTÉES

Ingrédients indispensables

Des ingrédients classiques, que vous avez déjà dans votre cuisine, vous permettront de réaliser la majorité des recettes. Il faudra leur ajouter quelques ingrédients spécifiques à la décoration.

Voici une petite liste pour vous aider à faire vos courses :

- **Arômes : café, vanille, cacao…**
- **Billes de sucre**
- **Cacao en poudre**
- **Chocolat dessert (noir, au lait et blanc)**
- **Colorants alimentaires liquides, en gel et en poudre**
- **Farine**
- **Levure**
- **Noisettes**
- **Noix**
- **Œufs**
- **Pâte à sucre** : vous pouvez aussi la réaliser vous-même, voir page 12
- **Pâte d'amandes** : vous pouvez aussi la réaliser vous-même, voir page 14
- **Poudre d'amandes**
- **Poudre de noisettes**
- **Poudre de noix de coco**
- **Sucre**
- **Sucre glace**

Matériel indispensable

Toutes les recettes de ce livre ont été réalisées sans matériel de professionnel. Des ustensiles de base vous permettront de réaliser de superbes gâteaux.

- **Canettes de soda**
- **Cuillère en bois**
- **Cure-dents**
- **Emporte-pièce de différentes tailles et formes**
- **Moules à gâteaux de différentes tailles et formes :** ronds de 15, 20 et 25 cm de diamètre ; carrés de 15, 20 et 25 cm de côté
- **Moules à muffins**
- **Papier d'aluminium**
- **Papier sulfurisé**
- **Petit couteau pointu**
- **Piques en bois** (type piques à brochettes)
- **Règle, compas, crayon, feuilles de papier, cutter, ciseaux…**
- **Rouleau à pâtisserie**
- **Roulette à pizza**
- **Spatule souple**

Les quantités de pâte à sucre et de pâte d'amandes à utiliser

Voici deux petits tableaux qui vous aideront à prévoir ou à préparer assez de pâte à sucre ou de pâte d'amandes en fonction de la taille de vos gâteaux.

Pour la pâte à sucre

Taille du gâteau	Gâteau rond	Gâteau carré
15 cm	390 g	650 g
20 cm	600 g	900 g
25 cm	900 g	1,3 kg
30 cm	1,3 kg	1,75 kg
35 cm	1,7 kg	2,3 kg

Pour la pâte d'amandes

Taille du gâteau	Gâteau rond	Gâteau carré
15 cm	500 g	850 g
20 cm	900 g	1,25 kg
25 cm	1,35 kg	1,7 kg
30 cm	1,8 kg	2,3 kg
35 cm	2,5 kg	2,9 kg

I Les recettes de base

POUR 650 G DE PÂTE À SUCRE

PRÉPARATION : 10 min | **CUISSON :** 2 min | **CONSERVATION :** 6 semaines | **FACILE** | **RAISONNABLE**

Pâte à sucre maison

LES INGRÉDIENTS
À PRÉPARER

500 g de sucre glace
300 g de marshmallows
2 cuil. à soupe d'eau

LES USTENSILES
À RASSEMBLER

Tamis
Bol
Micro-ondes
Spatule en bois
Film alimentaire

LES CONSEILS POUR RÉUSSIR

Pour colorer votre pâte, utilisez du colorant en gel.
Vous pouvez utiliser la pâte à sucre tout de suite ou la conserver au frais plusieurs semaines.

Tamisez le sucre glace dans un bol. Mettez 100 g de côté.

Faites fondre les marshmallows dans un bol au micro-ondes avec 2 cuil. à soupe d'eau pendant 1 min. Mélangez puis remettez au micro-ondes pendant 1 à 2 min.

Retirez le bol de marshmallows et mélangez bien à l'aide d'une spatule en bois. Ajoutez le sucre glace petit à petit.

3

4

Étalez les 100 g de sucre glace sur le plan de travail, versez le mélange et commencez à travailler la pâte à la main jusqu'à l'obtention d'une boule. La pâte est prête lorsqu'elle ne colle plus à vos doigts.

5

Enveloppez bien la boule de pâte de film alimentaire car elle sèche très rapidement. Vous pouvez la garder au réfrigérateur pendant plusieurs semaines.

POUR 400 G DE PÂTE D'AMANDES

PRÉPARATION : 10 min | **FACILE** | **RAISONNABLE**

Pâte d'amandes maison

LES INGRÉDIENTS
À PRÉPARER

200 g d'amandes en poudre
200 g de sucre glace
1 blanc d'œuf ou 2 cuil. à soupe de sirop de glucose
Gels colorants (facultatif)

LES USTENSILES
À RASSEMBLER

Tamis
Saladier
Film alimentaire

À SAVOIR

Le blanc d'œuf se conserve 2 à 4 jours au réfrigérateur ; vous pouvez garder le sirop de glucose pendant 2 semaines.

1

Tamisez la poudre d'amandes avec le sucre glace dans un saladier. Mélangez bien les deux ingrédients.

Incorporez ensuite le blanc d'œuf légèrement fouetté (et les éventuels colorants).

Travaillez la pâte à la main dans le saladier jusqu'à ce qu'elle devienne homogène.

2

3

Enveloppez votre boule de pâte dans du film alimentaire pour qu'elle ne sèche pas et conservez-la au réfrigérateur jusqu'à son utilisation.

La coloration

Les colorants alimentaires se présentent sous plusieurs formes : liquides, en gel et en poudre. Tel ou tel type de colorant est à privilégier selon l'utilisation que vous voulez en faire.

Les colorants alimentaires liquides

Utilisez-les de préférence dans les préparations liquides (à éviter dans les préparations à base de blancs d'œufs car ils risquent de faire retomber le mélange). Ils sont faciles à doser et permettent d'obtenir de nombreuses couleurs par mélange. Privilégiez les colorants liquides concentrés et les marques professionnelles pour de meilleurs résultats.

Les colorants alimentaires en gel

Concentrés, ils permettent d'obtenir la couleur désirée à la nuance près en contrôlant le dosage. Ils offrent une large palette de couleurs sans affecter la texture des préparations.

À noter : pour colorer le chocolat, utilisez un colorant en gel à base d'huile, car le chocolat « craint » l'eau.

Les colorants alimentaires en poudre

Les colorants en poudre sont parfaits pour les macarons, le fondant et le pastillage. Ils peuvent être saupoudrés, appliqués au pinceau ou mélangés à un ingrédient liquide. Attention : fiez-vous à la couleur de l'autocollant sur le dessus du produit. Grâce aux colorants en poudre, vous pourrez obtenir de nombreuses teintes et finitions glamour pour des gâteaux vraiment étincelants !

Les colorants alimentaires en poudre métallique sont à utiliser pour une dorure alimentaire en surface, des finitions, pour décorer de la pâte d'amandes, de la pâte à sucre ou d'autres produits sucrés.

Le matériel

Vous pouvez réaliser de très beaux et spectaculaires gâteaux décorés avec peu de matériel. Inutile d'aller dévaliser les magasins spécialisés ; du matériel de base, pour la cuisine ou le loisir créatif, vous permettra de réaliser de très belles choses. Dans ce livre, nous avons réalisé toutes les recettes avec du matériel non professionnel et que vous possédez déjà sûrement chez vous. Munissez-vous d'un rouleau à pâtisserie en bois et d'un rouleau en plastique ou en silicone, plus facile à utiliser pour la pâte à sucre. Du papier sulfurisé, une plaque en silicone et une spatule vous seront également indispensables. Le Crisco est une matière grasse qu'on utilise pour humidifier la pâte à sucre pour qu'elle ne colle pas aux doigts. Mais ce produit n'est pas indispensable.

Un lisseur à pâte à sucre (à droite) vous sera utile, mais il n'est pas indispensable. Des feuilles de papier épais vous permettront de dessiner des patrons (voir p. 212-215) pour recréer des formes en pâte à sucre. Pensez également à un crayon à papier, un compas et des ciseaux. Munissez-vous également de piques en bois, de baguettes en bois et de cure-dents.

Les emporte-pièce sont très pratiques pour découper de la pâte à sucre ou de la pâte d'amandes. On en trouve de nombreux dans le commerce, de toutes les tailles et de toutes les formes. Les empreintes en silicone vous permettront de donner de la forme et du relief à vos découpes. Mais vous pouvez aussi réaliser des emporte-pièce maison (voir p. 168) ou utiliser des boîtes à œufs vides pour laisser sécher vos formes découpées en leur donnant un arrondi.

Une poche et des douilles vous seront très utiles pour décorer les gâteaux. Si vous ne possédez pas de poche, utilisez un sachet de congélation dont vous couperez l'un des coins ou façonnez un cornet avec du papier sulfurisé (voir p. 70).

Des pinceaux alimentaires pour humidifier la pâte à sucre ou du fil de fer pour créer des formes sont indispensables. Pour compléter vos propres créations, n'hésitez pas non plus à vous procurer perles alimentaires, vermicelles chocolatés ou petites formes en sucre.

POUR 1 CAKE

PRÉPARATION : 20 min | **CUISSON :** 50 min | **FACILE** | **RAISONNABLE**

GÂTEAU DE BASE : *Cake*

LES INGRÉDIENTS
À PRÉPARER

200 g de farine
1 sachet de levure (11 g)
160 g de beurre
4 œufs
180 g de sucre
1 pincée de sel
Parfum : extrait de vanille, gousse de vanille ou zestes d'agrumes

LES USTENSILES
À RASSEMBLER

Tamis
Moule à cake ou rond ou carré
Papier sulfurisé
Saladier

1

Préchauffez le four à 180 °C (th. 6). Tamisez la farine avec la levure. Beurrez et farinez le moule, ou chemisez-le de papier sulfurisé. Faites fondre le beurre et laissez-le refroidir. Dans un saladier, faites blanchir les œufs et le sucre.

2

Ajoutez le beurre, puis la farine et le sel.

3

Ajoutez enfin le parfum choisi : des zestes d'agrumes ou les graines d'une gousse de vanille fendue en deux dans la longueur. Mélangez bien.

4

Versez la préparation dans le moule et enfournez pour 40 à 50 min. Le gâteau est cuit lorsque la pointe du couteau plantée dans le cœur du gâteau ressort nette.

5

Démoulez le cake sur une grille et laissez-le refroidir avant de le décorer.

POUR 10 PERSONNES

PRÉPARATION : 20 min | **CUISSON** : 50 min | **FACILE** | **RAISONNABLE**

GÂTEAU DE BASE : *Quatre-quarts*

LES INGRÉDIENTS
À PRÉPARER

Pesez 4 œufs, et prenez le même poids en sucre, en farine et en beurre
1 sachet de levure (11 g)
1 cuil. à café d'extrait de vanille ou 1 sachet de sucre vanillé (facultatif)
1 pincée de sel

LES USTENSILES
À RASSEMBLER

Tamis
Fouet
Saladier
Moule rond de 20 cm de diamètre

Tamisez la farine avec la levure.

Faites fondre le beurre. Préchauffez le four à 170 °C (th. 5-6).

Faites blanchir les œufs et le sucre dans un saladier en les fouettant vivement. Incorporez le beurre fondu. Mélangez.

Ajoutez la farine, le sucre vanillé et le sel et mélangez jusqu'à l'obtention d'une pâte homogène.

3

4

Versez dans un moule beurré et fariné et faites cuire pendant 50 min.

5

Démoulez et laissez refroidir sur une grille. Votre quatre-quarts peut désormais être décoré !

POUR 10 PERSONNES

PRÉPARATION : 20 min | **CUISSON :** 1 h | **FACILE** | **RAISONNABLE**

GÂTEAU DE BASE : *Chiffon cake* (*gâteau mousseline*)

Le *chiffon cake*, ou « gâteau chiffon », est un gâteau très léger dont la base de matière grasse est l'huile. S'il est difficile d'incorporer de l'air dans l'huile, le *chiffon cake* réussit cet exploit grâce aux blancs d'œufs battus très fermement qui y sont incorporés. La proportion d'huile et d'œufs crée un gâteau très moelleux. L'huile étant même liquide à basse température (par rapport au beurre), le *chiffon cake* a tendance à rester plus moelleux qu'un gâteau à base de beurre. Il supporte donc mieux le réfrigérateur où il ne perd pas son moelleux.

LES INGRÉDIENTS
À PRÉPARER

210 g de farine à gâteau
185 g de sucre
2 g de sel
1 sachet de levure (11 g)
6 œufs
13,5 cl de jus (d'orange, de citron, de fruit rouge ou d'ananas)
13,5 cl d'huile

LES USTENSILES
À RASSEMBLER

Tamis
Fouet ou robot
Saladier
Moule rond de 20 cm de diamètre
Papier sulfurisé

1

Préchauffez le four à 180 °C (th. 6). Tamisez et mélangez bien la farine, le sucre, le sel et la levure. Mettez de côté. Fouettez les jaunes d'œufs, le jus de fruits et l'huile.

2

Ajoutez les ingrédients secs au mélange liquide. Mélangez bien à l'aide d'un fouet ou d'un robot pendant 2 à 3 min.

3

Dans un saladier, faites monter les blancs en neige très ferme et incorporez-les délicatement au reste de la préparation.

4

Préparez le moule en le chemisant de papier cuisson.

5

Versez l'appareil dans le moule et enfournez pour 1 h. À la sortie du four, laissez refroidir le gâteau 15 min avant de le démouler.

6

Enlevez le papier sulfurisé puis retournez le chiffon cake et laissez-le refroidir complètement sur une grille loin des courants d'air et de l'humidité.

POUR 10 PERSONNES

PRÉPARATION : 20 min | **CUISSON** : 45 min | **FACILE** | **RAISONNABLE**

GÂTEAU DE BASE : *Génoise*

LES INGRÉDIENTS À PRÉPARER

5 œufs
150 g de sucre
150 g de farine
1 sachet de levure (11 g)
Beurre (pour le moule)
1 pincée sel

LES USTENSILES À RASSEMBLER

Fouet
Moule rond de 25 cm de diamètre

1

Préchauffez le four à 180 °C (th. 6). Séparez les blancs des jaunes d'œufs.

2

Fouettez les jaunes avec le sucre, puis ajoutez la farine et la levure. Mélangez bien.

3

Montez les blancs en neige avec une pincée de sel puis incorporez-les délicatement à la préparation.

4

Beurrez et farinez le moule sur toute la surface.

5

Versez l'appareil dans le moule beurré et fariné et enfournez pour 45 min.

6

Démoulez et laissez refroidir avant de servir ou de décorer.

POUR 10 PERSONNES

PRÉPARATION : 20 min | **CUISSON : 1 H** | **FACILE** | **RAISONNABLE**

GÂTEAU DE BASE : *Carrot cake*

LES INGRÉDIENTS
À PRÉPARER

200 g de farine
1 sachet de levure (11 g)
3 œufs
175 g de sucre
10 cl d'huile
½ cuil. à café de cannelle
250 g de carottes râpées
60 g de cerneaux de noix

LES USTENSILES
À RASSEMBLER

Moule rond de 20 cm de diamètre
Papier sulfurisé
Tamis
Fouet

1

Préchauffez le four à 170 °C (th. 5-6). Chemisez le moule avec une feuille de papier sulfurisé. Tamisez la farine avec la levure.

2

Faites blanchir les œufs avec le sucre. Ajoutez la farine et l'huile, mélangez.

3

Ajoutez la cannelle et les carottes râpées. Mélangez bien.

4

Concassez les cerneaux de noix à l'aide d'un couteau.

5

Ajoutez les noix dans l'appareil, puis versez celui-ci dans le moule chemisé. Faites cuire pendant 1 h.

6

Laissez tiédir avant de démouler.

POUR 1 GÂTEAU

PRÉPARATION : 20 min | CUISSON : 1 h | FACILE | RAISONNABLE

GÂTEAU DE BASE : *Gâteau au chocolat*

LES INGRÉDIENTS
À PRÉPARER

200 g de beurre
200 g de chocolat noir
200 g de farine
1 sachet de levure (11 g)
4 œufs
200 g de sucre

LES USTENSILES
À RASSEMBLER

Tamis
Saladier
Fouet
Batteur électrique
Moule rond de 25 cm de diamètre
Papier sulfurisé

1

Préchauffez le four à 180 °C (th. 6). Faites fondre le beurre et le chocolat au bain-marie ou au micro-ondes.

2

Tamisez la farine et la levure.

3

Dans un saladier, fouettez les jaunes d'œufs avec le sucre. Ajoutez le chocolat fondu puis la farine.

4

Montez les blancs en neige et ajoutez-les délicatement au reste de la préparation.

5

Versez la préparation dans un moule beurré ou chemisé de papier sulfurisé. Faites cuire pendant 1 h. Faites attention à la cuisson, car si le gâteau est trop cuit, il sera sec et s'émiettera.

6

Laissez-le ensuite refroidir dans le moule et démoulez-le quand vous êtes prêt à le décorer.

POUR 8 À 10 GROS MUFFINS

PRÉPARATION : 20 min | **CUISSON :** 20 min | **FACILE** | **RAISONNABLE**

GÂTEAU DE BASE : *Muffins*

LES INGRÉDIENTS
À PRÉPARER

210 g de farine
150 g de sucre
2 cuil. à café de levure
60 g de beurre
25 cl de lait
3 œufs
Parfum au choix (extrait de vanille, zestes d'agrumes...)

LES USTENSILES
À RASSEMBLER

Moules à muffins
Fouet
Saladier

1

Beurrez les moules à muffins. Préchauffez le four à 180 °C (th. 6).

2

Dans un bol, mélangez les ingrédients secs (farine, sucre et levure).

3

Faites fondre le beurre dans un saladier.

4

Ajoutez le lait et les œufs dans le saladier. Mélangez bien.

5

Ajoutez progressivement le mélange sec. Mélangez au fouet et ajoutez le parfum au choix.

6

Remplissez les moules beurrés aux trois quarts et enfournez pour 20 min. Laissez refroidir avant de décorer.

POUR 30 PERSONNES

PRÉPARATION : 20 min | **FACILE**

Layer cake

TECHNIQUE : ***Découpe d'un gâteau à étages***

LES INGRÉDIENTS
À PRÉPARER

POUR LA TECHNIQUE

2 *chiffon cakes* de 20 cm de diamètre
(voir page 24)

LES USTENSILES
À RASSEMBLER

Plat tournant
ou feuille de papier sulfurisé
Couteau à pain

Déposez le gâteau sur un plat tournant ou tout simplement sur le plan de travail en mettant une feuille de papier sulfurisé dessous. Le gâteau doit être bien froid. Coupez un chapeau sur le premier gâteau à l'aide du couteau à pain, en posant votre main au centre pour couper bien droit.

1

2

Placez le deuxième gâteau à côté du premier, puis coupez un chapeau identique.

Mesurez l'épaisseur du gâteau et marquez à l'aide d'un couteau la moitié de la hauteur tout autour du gâteau. Apposez votre main au centre du gâteau sans trop appuyer, puis commencez petit à petit à découper le gâteau en le tournant et en suivant les marques. Recommencez les étapes avec le second gâteau avec la mesure de l'épaisseur du premier gâteau.

3

4

Le gâteau est maintenant prêt à être garni de crème au beurre ou de ganache.

5

Empilez ensuite les différents étages garnis pour créer un nouveau gâteau dont les couches seront bien droites.

POUR 8 PERSONNES

PRÉPARATION : 20 min **POUR LA GÉNOISE +** 15 min **POUR LA CRÈME** | **CUISSON :** 45 min | **FACILE** | **RAISONNABLE**

Pièce montée trois étages

TECHNIQUE : ***Montage d'un gâteau à étages***

LES INGRÉDIENTS
À PRÉPARER

LES USTENSILES
À RASSEMBLER

POUR LES GÂTEAUX

Ingrédients :

2 génoises rondes de 15 cm de diamètre (voir page 26) superposées et recouvertes de pâte à sucre blanche (voir page 92)
2 génoises rondes de 20 cm de diamètre (voir page 26) superposées et recouvertes de pâte à sucre blanche (voir page 92)
2 génoises rondes de 25 cm de diamètre (voir page 26) superposées et recouvertes de pâte à sucre blanche (voir page 92)

Ustensiles :

Moules ronds de 15, 20 et 25 cm de diamètre
3 supports ronds en carton de 15, 20 et 25 cm de diamètre

POUR LE MONTAGE

Ustensiles :

Stylo, papier, ciseaux
10 goujons en bois ou grosses pailles (pailles à bubble tea)
Cure-dents
Spatule à pâtisserie

POUR LA CRÈME AU BEURRE

Ingrédients :

250 g de beurre mou
350 à 400 g de sucre glace
1 cuil. à café d'extrait de vanille
1 pincée de sel
2 à 3 cuil. à soupe de lait ou de crème liquide
Colorant alimentaire (facultatif)

Ustensiles :

Batteur électrique, robot pâtissier ou spatule en bois

Préparez la crème au beurre comme indiqué p. 42. Placez les supports en carton sous les gâteaux avec un peu de crème au beurre pour les fixer.

1

Découpez un cercle en papier de 2 cm plus petit que le gâteau intermédiaire (18 cm ici).

2

3

Insérez une paille dans le gâteau, au centre du cercle, et marquez-la à l'aide d'un stylo.

4

Retirez-la du gâteau et marquez les 4 autres pailles à la même hauteur.

5

Insérez les 4 grosses pailles à l'intérieur du cercle et une au milieu. Recommencez ces étapes pour le gâteau de 20 cm de diamètre.

6

Étalez 1 cuil. de crème au beurre au centre des deux gâteaux (de 20 et de 25 cm de diamètre) comme colle.

7

Déposez délicatement le gâteau de 20 cm sur le plus gros, puis le plus petit sur celui de 20 cm à l'aide d'une spatule.

8

Gâteau à étages prêt à être décoré.

LES GARNITURES
La crème au beurre

Une simple base de gâteau peut être agrémentée d'une garniture pour la rendre festive ou encore plus gourmande. La crème au beurre est idéale pour recouvrir les gâteaux ou les garnir si vous les coupez en deux dans l'épaisseur. Vous pouvez la laisser nature, la colorer ou la parfumer. Recouvrir un gâteau d'une fine couche de crème au beurre permet également ensuite de le recouvrir entièrement de pâte à sucre ; celle-ci adhèrera bien de cette façon et le résultat sera plus lisse et propre.

LES INGRÉDIENTS
À PRÉPARER

250 g de beurre mou
350 à 400 g de sucre glace
1 cuil. à café d'extrait de vanille
1 pincée de sel
2 à 3 cuil. à soupe de lait ou de crème liquide
Colorant alimentaire (facultatif)

LES USTENSILES
À RASSEMBLER

Batteur électrique

1

La crème au beurre nature. Dans un saladier, fouettez le beurre à l'aide d'un batteur électrique jusqu'à ce que mélange blanchisse et devienne crémeux. Ajoutez le sucre glace peu à peu (une tasse à la fois) jusqu'à l'obtention de la consistance désirée. Mélangez bien. Incorporez ensuite l'extrait de vanille, le colorant si vous l'utilisez et la pincée de sel. Continuez à mélanger. Incorporez le lait, une cuillerée à la fois. Fouettez alors en vitesse rapide pendant 2 min jusqu'à obtenir une crème légère.

La crème au beurre aromatisée. Pour une crème au beurre aromatisée, ajoutez 70 g de cacao en poudre ou 100 g de chocolat noir en tablette fondu, 10 ml d'eau mélangée à 1 cuil. à dessert de café soluble (ou d'extrait de café) ou les zestes de 1 citron.

2

3

La crème au cream-cheese. À l'aide d'un batteur électrique, travaillez 150 g de beurre mou avec 150 g de fromage frais jusqu'à l'obtention d'un mélange léger et mousseux. Ajoutez 100 g de sucre et continuez à travailler le mélange en battant à petite vitesse. Ajoutez 2 gouttes de citron et mélangez bien. Conservez au frais si vous n'utilisez pas cette garniture immédiatement.

Les glaçages

Les glaçages, nature, colorés ou aromatisés, permettent de décorer facilement des gâteaux, petits ou grands.

LES INGRÉDIENTS
À PRÉPARER

Sucre glace
Jus de citron
Colorants alimentaires

1

Le glaçage simple. Dans un bol, mélangez le sucre glace et du jus de citron jusqu'à la consistance voulue. Plus vous ajouterez de jus de citron, plus votre glaçage sera fluide ; plus vous ajouterez de sucre glace, plus il sera épais. Tout dépend de l'usage que vous souhaitez en faire. Pour varier les saveurs, utilisez également du jus d'orange à la place du jus de citron. Vous pouvez colorer le glaçage en ajoutant du colorant alimentaire (attention, si celui-ci est liquide, il fluidifiera le glaçage).

LES INGRÉDIENTS
À PRÉPARER

3 blancs d'œufs
1 cuil. à café d'extrait de vanille
500 g de sucre glace
1 citron

Le glaçage royal. Battez les blancs d'œufs et l'extrait de vanille à l'aide d'un batteur électrique pendant 5 s. Ajoutez petit à petit le sucre glace, mélangez bien pendant 5 à 7 min jusqu'à obtenir un mélange lisse et brillant. Ajoutez le jus du citron et battez encore pour obtenir une belle texture de glaçage. La texture doit être entre le souple et ferme.

2

3

LES INGRÉDIENTS
À PRÉPARER

200 g de chocolat noir dessert
120 g de beurre
150 g de sucre glace tamisé
5 cl de lait demi-écrémé

Le glaçage au chocolat. Pour réaliser un glaçage au chocolat, faites fondre à feu doux 200 g de chocolat noir dessert, 120 g de beurre, 150 g sucre glace tamisé et 5 cl lait demi-écrémé. Mélangez bien pour que le chocolat fonde uniformément et ne brûle pas. Laissez refroidir avant d'en recouvrir votre gâteau.

Les autres garnitures

Certaines garnitures de gâteau demandent un peu de travail, mais vous pouvez également utiliser des produits du commerce ou encore des fruits frais ou secs pour enrichir vos gâteaux.

1

Les fruits rouges sont parfaits pour décorer les gâteaux. Ils apportent de la couleur et sont en général appréciés de tous. Quelques gouttes de fleur d'oranger dans une pâte à gâteau ou dans une crème leur apporteront facilement un goût inimitable.

2

Des graines de fruits de la Passion (ou graines de grenade) enrichiront une crème ou décoreront à la perfection le dessus d'un gâteau. Agrémentez également votre préparation de noix de coco râpée ou de thé matcha. Ce dernier apportera en plus une jolie couleur verte naturelle.

Les confitures et gelées, maison ou du commerce, vous permettront de garnir simplement un gâteau. Coupez celui-ci dans l'épaisseur, garnissez de la confiture de votre choix, et reformez le gâteau.

3

Nutella® et coulis. Le Nutella® est un produit facile à utiliser pour garnir les gâteaux. Vous pouvez également utiliser du caramel, maison ou du commerce. Pour un caramel maison, faites fondre à feu doux 80 g de sucre dans une casserole. Faites tiédir 10 cl de crème liquide. Ajoutez-la quand le sucre est liquide et mélangez immédiatement (en faisant attention aux projections !). Ajoutez enfin 40 g de beurre doux ou salé.

4

5

Fruits secs et céréales. En poudre, en éclats, en cerneaux, entières... les noix, noix de pécan, noix de macadamia, noisettes ou autres amandes agrémenteront vos gâteaux de façon gourmande. Pensez également aux gavottes, qui apporteront du croquant à vos préparations.

6

La ganache au chocolat. Cassez 200 g de chocolat noir dans un saladier. Faites bouillir 20 cl de crème liquide entière, puis versez-la sur le chocolat. Mélangez pour faire fondre le chocolat. Placez au frais 10 min avant d'utiliser, à la spatule ou à l'aide d'une poche à douille.

(II) Les glaçages et la décoration en chocolat

PAGE 50

SABLÉS DÉCORÉS

Glaçage simple au citron

PAGE 54

RAINBOW CAKE

Glaçage au fromage frais

PAGE 58

CARRÉ À L'ORANGE

Glace royale

PAGE 62

CUPCAKES

Décoration simple à la crème au beurre

PAGE 66

BOUQUET DE ROSES

Décoration complexe à la crème au beurre

PAGE 70

WEDDING CAKE

Utilisation de la poche à douille

PAGE 74

***CAKE POPS* ANIMAUX**

Façonnage de cake pops

PAGE 78

CHOCO-FRAISIER

Enrobage en chocolat

PAGE 82

TOUT CHOCO

Réaliser des copeaux et un glaçage au chocolat

PAGE 86

FEUILLES D'AUTOMNE

Réaliser des feuilles en chocolat

POUR 20 BISCUITS

PRÉPARATION : 15 min | **CUISSON :** 15 min | **RÉFRIGÉRATION :** 15 à 30 min | **FACILE** | **RAISONNABLE**

Sablés décorés

TECHNIQUE : ***Glaçage simple au citron***

LES INGRÉDIENTS À PRÉPARER

POUR LA DÉCORATION

Sucre glace
Jus de citron
Colorants alimentaires (rose et violet)

POUR LES BISCUITS

2 œufs
1 pincée de sel
150 g de sucre
Parfums : vanille, citron, cannelle… (facultatif)
250 g de farine
150 g de beurre
Pépites de chocolat (facultatif)

LES USTENSILES À RASSEMBLER

POUR LA DÉCORATION

Bols
Poche à douille
Cure-dents

POUR LES BISCUITS

Spatule
Film alimentaire
Emporte-pièce de votre choix

Préparez les biscuits. Dans un saladier, mélangez les œufs, le sel, le sucre et le sucre vanillé ou le parfum de votre choix avec une spatule. Incorporez la farine et le beurre en morceaux, puis mélangez à la main pour obtenir une pâte homogène. Formez une boule et enveloppez-la dans du film alimentaire. Laissez reposer au réfrigérateur 15 à 30 min.

1

Préparez les glaçages. Divisez les glaçages (voir p. 44 pour la réalisation) dans 3 bols : un glaçage souple (pas de coloration) pour les contours et deux bols de glaçage fluide pour le remplissage.

2

3

Ajoutez un colorant alimentaire dans chaque bol de glaçage fluide, mélangez, puis mettez les glaçages dans des poches différentes.

4

Réalisation des sablés. Préchauffez le four à 170 °C (th. 5-6). Farinez le plan de travail et étalez la pâte dessus. Découpez ensuite des formes, à l'aide d'emporte-pièce, et déposez les sablés sur une plaque beurrée. Faites cuire pendant 15 min en surveillant la cuisson.

5

Le glaçage des sablés. Coupez le bout de la poche contenant le glaçage souple et tracez délicatement les contours des sablés avec ce glaçage.

6

Avec le glaçage fluide, remplissez généreusement l'intérieur, sans dépasser le contour fait au glaçage souple, puis remuez tout doucement pour étaler le glaçage. Utilisez un cure-dents pour remplir les trous.

7

Séchage des glaçages. Laissez sécher pendant 30 min avant d'ajouter les détails supplémentaires. Laissez ensuite sécher pendant quelques heures.

POUR 20 À 25 PERSONNES

PRÉPARATION : 40 min | **CUISSON** : 25 min **POUR CHAQUE GÂTEAU** | **UN PEU DIFFICILE** | **RAISONNABLE**

Rainbow cake

TECHNIQUE : *Glaçage au fromage frais*

LES INGRÉDIENTS À PRÉPARER

LES USTENSILES À RASSEMBLER

POUR LE GLAÇAGE

Ingrédients

250 g de beurre
250 g de fromage frais (type Philadelphia ou St Môret)
200 g de sucre glace
3 gouttes de jus de citron

Ustensiles

Batteur électrique
Spatule

POUR LE GÂTEAU

Ingrédients

462 g de farine à gâteau avec poudre à lever incorporée
412 g de sucre
4 g de sel
1,5 sachet de levure
12 œufs
30 cl de jus de fruit (orange, citron, fruit rouge ou ananas)
30 cl d'huile végétale
6 colorants alimentaires (violet, bleu, vert, jaune, orange, rouge)

Ustensiles

Tamis
Fouet ou fouet électrique
Saladier
Moule rond de 20 cm de diamètre

Préparez l'appareil. Tamisez et mélangez bien la farine, le sucre, le sel et la levure. Fouettez les jaunes d'œufs, le jus de fruit et l'huile. Ajoutez les ingrédients secs au mélange liquide. Mélangez bien avec un fouet ou un fouet électrique 2 à 3 min.

Dans un saladier, montez les blancs en neige très ferme et incorporez-les délicatement au reste de la préparation.

1

2

3

4

Colorez les gâteaux. Mesurez l'appareil puis divisez-le en 6 parts égales. Ajoutez dans chacune des parts les gouttes de colorant alimentaire (violet, bleu, vert, jaune, orange, rouge). N'hésitez pas à forcer la dose. Préchauffez le four à 180 °C (th. 6).

La cuisson des gâteaux. Chemisez le moule de papier sulfurisé. Versez l'appareil violet et enfournez 25 min. Une fois cuit, retournez immédiatement le gâteau et laissez-le refroidir dans le moule retourné sur une grille loin des courants d'air et de l'humidité. Faites cuire un à un les autres gâteaux.

Le montage du *rainbow cake*. À l'aide d'un batteur électrique, travaillez le beurre mou avec le fromage. Ajoutez le sucre et continuez à battre à petite vitesse. Ajoutez le citron et mélangez bien. Lorsque les gâteaux sont bien froids, déposez le violet sur un plat et étalez de la crème de manière régulière.

5

Posez ensuite le gâteau bleu sur le violet, puis de la crème. Répétez les étapes avec tous les gâteaux (vert, jaune, orange et terminez par le rouge).

6

7

Couvrez le gâteau avec le reste de crème.

8

À l'aide d'une spatule plate, créez des « vagues » tout autour du gâteau. Placez au frais jusqu'au moment de servir.

POUR 1 GÂTEAU CARRÉ DE 15 X 15 CM

PRÉPARATION : 15 min | **REPOS :** 3 h | **CONSERVATION :** 3 jours **AU RÉFRIGÉRATEUR** | **FACILE** | **RAISONNABLE**

Carré à l'orange

TECHNIQUE : ***Glace royale***

LES INGRÉDIENTS À PRÉPARER

POUR LE GLAÇAGE

3 blancs d'œufs
1 cuil. à café d'extrait de vanille
500 g de sucre glace
Jus de 1 citron
Colorant alimentaire (facultatif)

POUR LE CAKE

1 cake de 15 cm de diamètre (voir page 20) en ajoutant les zestes de 1 orange dans la pâte
Crème au beurre (voir page 42), en remplaçant l'extrait de vanille par des zestes d'orange
Tranches d'orange confites
Billes de sucre à l'orange

LES USTENSILES À RASSEMBLER

POUR LE GLAÇAGE

Robot muni d'un batteur plat
Poche munie d'une douille
Spatule à pâtisserie

POUR LE CAKE

Moule carré de 15 cm de côté
1 ruban orange

LE CONSEIL POUR RÉUSSIR

Si vous n'utilisez pas votre glaçage immédiatement, recouvrez le bol d'un torchon humide pour l'empêcher de durcir.

Préparez le gâteau. Coupez le gâteau en deux dans l'épaisseur. Badigeonnez la partie inférieure de crème au beurre et replaçez la partie supérieure.

1

Préparez le glaçage. Battez les blancs d'œufs et la vanille dans le robot 5 s. Ajoutez petit à petit le sucre glace, mélangez 5 à 7 min. jusqu'à obtenir un mélange lisse et brillant. Ajoutez le citron et battez encore pour obtenir une belle texture entre souple et ferme.

2

3

À l'aide d'une spatule, déposez le glaçage bien épais sur les côtés du gâteau.

4

Étalez le glaçage par un mouvement de va-et-vient en veillant à uniformiser l'épaisseur, puis lissez avec une spatule inclinée (ou avec une règle en plastique). Laissez sécher au moins 3 h avant de couvrir les autres côtés.

Déposez le glaçage au centre du gâteau et répétez le même mouvement pour une deuxième couche de glace royale.

5

Recouvrez soigneusement toute la surface du gâteau.

6

7

Pour lisser la surface du gâteau, placez la règle ou la spatule inclinée en tirant celle-ci vers vous délicatement d'un trait. Vous pouvez répéter cette étape si vous n'êtes pas satisfait du résultat.

8

Le gâteau recouvert de glace royale est prêt à être servi ou décoré avec les billes de sucre et les tranches d'orange confites.

POUR 8 CUPCAKES

PRÉPARATION : 20 min | **CUISSON** : 20 min | **FACILE** | **RAISONNABLE**

Cupcakes

TECHNIQUE : ***Décoration simple à la crème au beurre***

LES INGRÉDIENTS À PRÉPARER

LES USTENSILES À RASSEMBLER

POUR LA CRÈME AU BEURRE

Ingrédients :

250 g de beurre mou
350 à 400 g de sucre glace
1 cuil. à café d'extrait de vanille
1 pincée de sel
2 à 3 cuil. à soupe de lait ou de crème liquide
Colorant alimentaire (facultatif)

Ustensiles :

Fouet
Poche à douille
Spatule

POUR LES *MUFFINS*

Ingrédients :

210 g de farine
150 g de sucre
2 cuil. à café de levure
60 g de beurre
25 cl de lait
3 œufs
Parfum au choix

Ustensiles :

Fouet
Moule à *muffins*

Réalisez les *muffins* comme indiqué p. 32 et la crème au beurre comme indiqué p. 42. Versez une partie de la crème au beurre dans la poche à douille.

Décoration à la spatule. Déposez un peu de crème au beurre au centre du *muffin* à l'aide de la spatule. Pour étaler la crème au beurre, tenez le *muffin* pour bien le napper entièrement.

Décoration à la poche à douille. Positionnez la douille à 45° sur l'extérieur du gâteau et faites une spirale en exerçant une pression ferme et continue, et tournez jusqu'au centre. Vous pouvez aussi recouvrir toute la surface du *muffin* de petites noisettes de crème au beurre.

3

4

Vos *cupcakes* sont prêts à servir ou à être décorés avec des billes de sucre, des vermicelles, etc.

POUR 1 GROS GÂTEAU

PRÉPARATION : 1 h | **UN PEU DIFFICILE** | **RAISONNABLE**

Bouquet de roses

TECHNIQUE : ***Décoration complexe à la crème au beurre***

LES INGRÉDIENTS À PRÉPARER

LES USTENSILES À RASSEMBLER

POUR LA CRÈME AU BEURRE

500 g de beurre mou 700 g de sucre glace 2 cuil. à café d'extrait de vanille 2 pincées de sel 5 cuil. à soupe de lait ou de crème liquide Colorant alimentaire rose (ou autre, au choix)	Spatule métallique Poche à douille du type 1M

POUR LA BASE

2 *carrot cakes* de 20 cm de diamètre (voir page 28)	Moule rond de 20 cm de diamètre Papier sulfurisé Tamis Fouet

Préparez la crème au beurre comme indiqué p. 42. Divisez-la en trois parts égales et colorez-la de façon à obtenir un dégradé de la couleur choisie.

Recouvrez le gâteau. Superposez les gâteaux. Recouvrez-les gâteaux avec la crème au beurre la plus claire. Ne vous inquiétez pas si la couverture n'est pas parfaite, le gâteau sera recouvert par la décoration.

1

2

3

Mettez la crème dans la poche munie de la douille 1M. Ne remplissez pas la poche en entier afin de la tenir plus aisément. Commencez à vous entraîner sur une feuille de papier sulfurisé sur laquelle vous aurez tracé la forme voulue.

L'idée est de former une lettre e : commencez au centre, tirez vers le haut, puis enroulez. Arrêtez la pression mais continuez le mouvement vers le haut. Essayez plusieurs fois jusqu'à ce que vous vous sentiez à l'aise.

4

Commencez par décorer le bas du gâteau. Espacez les fleurs pour ne pas les abîmer en formant les autres.

5

Pour le deuxième niveau, un ton plus clair, commencez entre deux fleurs. N'oubliez pas d'espacer vos fleurs.

6

Répétez l'étape pour le troisième niveau et laissez les fleurs un peu dépasser sur le bord. Décorez enfin le dessus du gâteau en commençant par l'extérieur et en terminant par le centre.

7

Votre gâteau est prêt à être dégusté !

POUR 1 GÂTEAU

PRÉPARATION : 1 h | **ASSEZ FACILE** | **RAISONNABLE**

Wedding cake

TECHNIQUE : *Utilisation de la poche à douille*

Une poche à douille est un sac muni d'un embout appelé « douille », utilisé en cuisine pour décorer ou garnir. Préférez aux poches lavables, économiques mais pas pratiques (car elles se nettoient difficilement), les poches en plastique jetables, plus pratiques et hygiéniques.
Les douilles en polycarbonate sont pratiques mais fragiles. Les douilles en métal (aluminium ou Inox chromé) sont plus précises et durent plus longtemps.
Vous pouvez également fabriquer vos propres poches en papier : découpez en triangle une feuille de papier sulfurisé. Prenez le triangle avec la main gauche en positionnant l'angle le plus fin à sa droite, puis rabattez l'angle en bas à gauche vers le haut et maintenez-le avec le pouce en faisant un cornet. La pointe doit être bien fermée. Pliez le papier qui dépasse du bord vers l'intérieur pour maintenir le cornet. Remplissez le cornet avec de la crème et coupez le bout du cornet.

LES INGRÉDIENTS À PRÉPARER

LES USTENSILES À RASSEMBLER

POUR LA CRÈME AU BEURRE

Ingrédients :

250 g de beurre mou
350 à 400 g de sucre glace
1 cuil. à café d'extrait de vanille
1 pincée de sel
2 à 3 cuil. à soupe de lait ou de crème liquide
Colorant alimentaire (facultatif)

Ustensiles :

Papier sulfurisé
Ciseaux
Poche et douilles diverses

POUR LES GÂTEAUX

Ingrédients :

2 *chiffon cakes* de 15 cm de diamètre (voir page 24) superposés et recouverts de pâte à sucre bleue (voir page 92)
2 *chiffon cakes* de 20 cm de diamètre (voir page 24) superposés et recouverts de pâte à sucre bleue (voir page 92)

Ustensiles :

Moule à manqué de 15 cm de diamètre
Moule à manqué de 20 cm de diamètre

Superposez les gâteaux (voir p. 38). Préparez la crème au beurre comme indiqué page 42.

1

Remplissez la poche. Coupez légèrement le bout de la poche puis insérez la douille de votre choix. Installez la poche dans un grand verre, puis déroulez-la par-dessus les bords. Remplissez la poche bien ouverte à l'aide d'une spatule, le plus proprement possible, puis déroulez les bords, pressez et tournez en poussant la masse vers la douille.

2

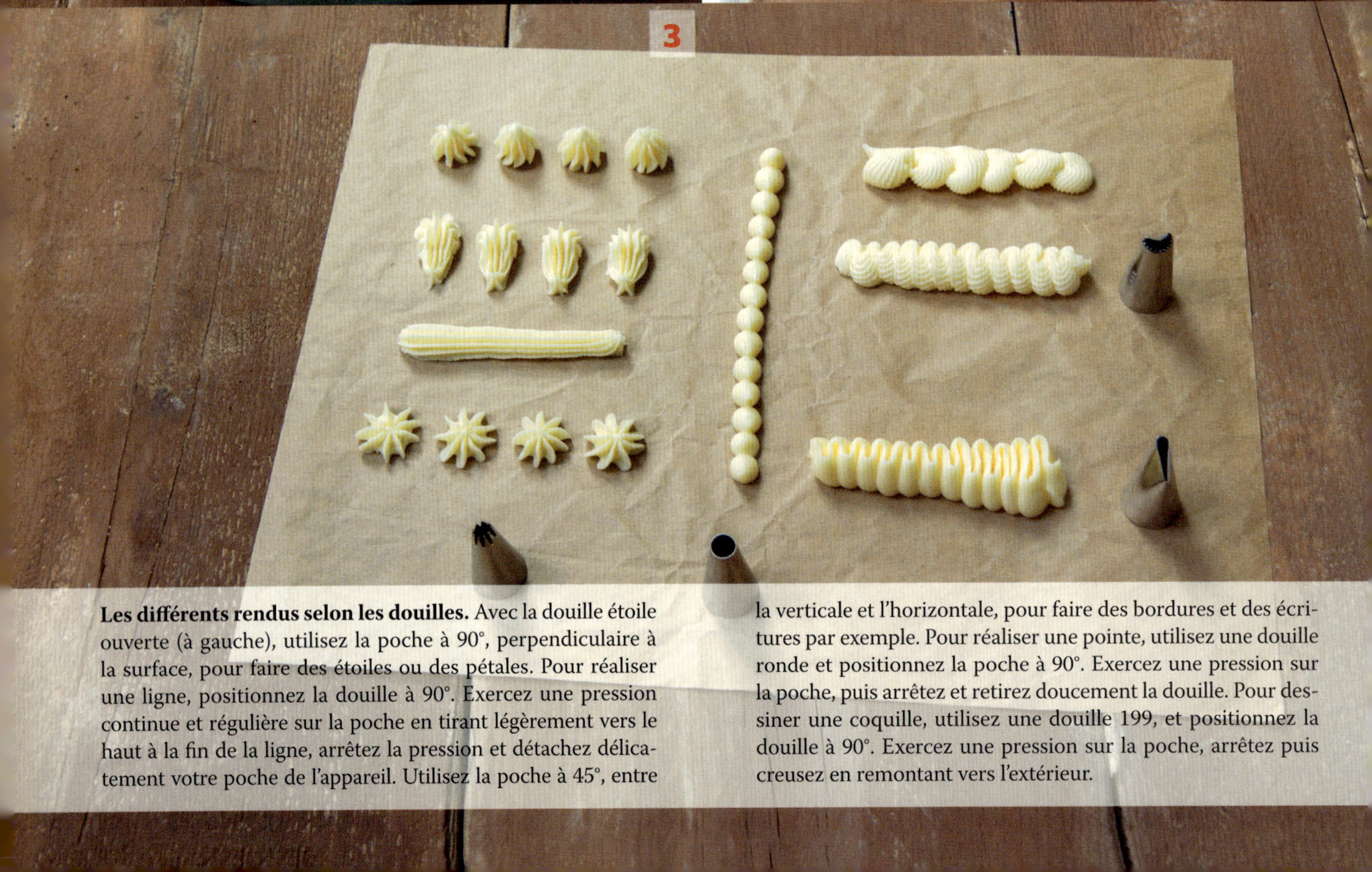

3

Les différents rendus selon les douilles. Avec la douille étoile ouverte (à gauche), utilisez la poche à 90°, perpendiculaire à la surface, pour faire des étoiles ou des pétales. Pour réaliser une ligne, positionnez la douille à 90°. Exercez une pression continue et régulière sur la poche en tirant légèrement vers le haut à la fin de la ligne, arrêtez la pression et détachez délicatement votre poche de l'appareil. Utilisez la poche à 45°, entre la verticale et l'horizontale, pour faire des bordures et des écritures par exemple. Pour réaliser une pointe, utilisez une douille ronde et positionnez la poche à 90°. Exercez une pression sur la poche, puis arrêtez et retirez doucement la douille. Pour dessiner une coquille, utilisez une douille 199, et positionnez la douille à 90°. Exercez une pression sur la poche, arrêtez puis creusez en remontant vers l'extérieur.

4

Décorez le bas du gâteau avec des coquilles, en utilisant la douille 199.

5

Décorez ensuite la jonction entre les deux gâteaux en réalisant des perles avec la douille ronde.

6

Avec la douille en étoile ouverte, réalisez des lignes incurvées sur tout le pourtour du gâteau.

7

Complétez avec de grosses étoiles de crème au beurre à la jonction entre chaque ligne.

POUR 20 À 25 CAKE POPS (SELON LA TAILLE DES CAKE POPS)

PRÉPARATION : 1 h 30 | **RÉFRIGÉRATION :** 1 h | **FACILE** | **RAISONNABLE**

Cake pops animaux

TECHNIQUE : ***Façonnage de* cake pops**

LES INGRÉDIENTS À PRÉPARER

LES USTENSILES À RASSEMBLER

POUR L'ENROBAGE

400 g de chocolat blanc et au lait Pâte à sucre de différentes couleurs	Des bâtons de sucettes Spatule Polystyrène Feutre alimentaire noir

POUR LA BASE DE GÂTEAU

200 g de gâteau émietté
(au chocolat, voir page 30,
ou quatre-quarts, voir page 22)
2 cuil. à soupe de crème au beurre (voir page 42)
ou de fromage frais

Préparez l'appareil. Émiettez le gâteau dans un saladier. Ajoutez progressivement la crème au beurre et mélangez jusqu'à ce qu'elle soit bien incorporée. La texture est bonne quand vous pouvez facilement former des boulettes.

Faites des boules de la forme que vous souhaitez. Ajoutez des oreilles en pinçant un peu les deux côtés de la boule. Laissez reposer au congélateur 30 min.

1

2

3

Formez les animaux. Pendant ce temps, faites fondre le chocolat au bain-marie ou au micro-ondes (à 30 % de la puissance maximale) pendant 1 à 2 min. S'il n'est pas totalement fondu, il finira de fondre avec la chaleur du récipient. Trempez le bout des bâtons dans le chocolat fondu avant de les insérer jusqu'au tiers des boules. Mettez-les au réfrigérateur 30 min.

Lorsque le chocolat fondu est prêt, trempez les cake pops dedans, puis retirez-les doucement en les tournant pour qu'ils soient bien enrobés. Tapotez-les légèrement sur le rebord du récipient pour enlever l'excédent. N'hésitez pas à mettre une deuxième couche si vous le souhaitez. Plantez les cake pops dans du polystyrène.

Réalisez le petit cochon. Faites une petite boule de pâte à sucre rose pour le nez. Dessinez les yeux, la bouche et le groin avec un feutre alimentaire noir.

Réalisez le coq. Dans de la pâte à sucre rouge, découpez une crête et un bec. Fixez-les sur le cake pop en les humidifiant très légèrement. Réalisez les yeux avec un tout petit peu de pâte à sucre noire.

4

5

6

7

Réalisez le singe. Trempez la boule de gâteau dans le chocolat au lait fondu. Lorsqu'il est sec, réalisez la face du singe avec un peu de chocolat blanc fondu. Laissez sécher, puis ajoutez des oreilles en pâte à sucre et dessinez les yeux et la bouche avec le feutre alimentaire noir (ou avec un tout petit peu de pâte à sucre noire).

POUR 1 GÂTEAU

PRÉPARATION : 30 min | **REPOS :** 1 h | **FACILE** | **RAISONNABLE**

Choco-fraisier

TECHNIQUE : ***Enrobage en chocolat***

LES INGRÉDIENTS À PRÉPARER / LES USTENSILES À RASSEMBLER

POUR LES FRUITS ENROBÉS

100 g de chocolat noir	Papier absorbant
100 g de chocolat blanc	Papier sulfurisé
250 g de fraises	Poche à douille

POUR LA BASE

2 gâteaux au chocolat de 20 cm de diamètre (voir page 30)	Moule à manqué de 20 cm de diamètre
Crème au beurre (voir page 42)	Tamis
	Saladier
	Batteur électrique

LE CONSEIL POUR RÉUSSIR

Retirez le chocolat blanc du bain-marie lorsqu'il est fondu mais que quelques petits morceaux restent visibles. Le chocolat continue de fondre après avoir été retiré du bain-marie aussi longtemps que vous continuez à remuer. Vous l'empêcherez de brûler si vous le retirez tôt ou à temps du bain-marie. Lorsque le chocolat blanc surchauffe, il devient grumeleux et granuleux. Il est alors impossible de l'utiliser.

Réalisez les deux gâteaux au chocolat (voir p. 30) et la crème au beurre (voir p. 42). Lorsqu'ils sont froids, coupez-les dans l'épaisseur (voir p. 34). Recouvrez trois des couches de crème au beurre, puis superposez-les. Lavez les fraises et essuyez-les délicatement avec du papier absorbant.

Faites fondre le chocolat noir au bain-marie. En les tenant par les feuilles, trempez les fraises en les tournant dans le chocolat noir fondu. Déposez-les sur un papier sulfurisé et laissez-les refroidir.

Faites fondre le chocolat blanc au bain-marie. Mettez-le dans une poche à douille ou tout simplement dans un sachet de congélation. Coupez un petit coin du sachet et déposez le chocolat blanc sur les fraises en formant des filaments. Laissez reposer 1 h à température ambiante puis décollez les fraises du papier sulfurisé.

3

4

Recouvrez le dessus du gâteau de crème au beurre, puis lissez-la soigneusement. Déposez les fraises tout autour.

POUR 1 GÂTEAU

PRÉPARATION : 1 H 15 | FACILE | RAISONNABLE

Tout choco

TECHNIQUE : ***Réaliser des copeaux et un glaçage au chocolat***

LES INGRÉDIENTS À PRÉPARER	LES USTENSILES À RASSEMBLER
POUR LE GLACAGE	
200 g de chocolat noir 120 g de beurre 150 g de sucre glace tamisé 5 cl de lait demi-écrémé	Fouet
POUR LES COPEAUX	
200 g de chocolat noir 200 g de chocolat blanc	Plaque à pâtisserie Grattoir à pâtisserie avec des dents ou un couteau à pain Spatule flexible
POUR LA BASE	
1 gâteau au chocolat de 25 cm de diamètre (voir page 30) Crème au beurre (voir page 42), parfumée avec quelques gouttes d'extrait de café	Tamis Saladier Batteur électrique Moule rond de 25 cm de diamètre Papier sulfurisé

LE CONSEIL POUR RÉUSSIR

Pour le glaçage au chocolat, il est important que le chocolat et le beurre fondent en même temps pour éviter que le chocolat cristallise et épaississe.

1

Coupez le gâteau dans l'épaisseur (voir p. 34) et garnissez-le de crème au beurre. Faites fondre tous les ingrédients du glaçage au bain-marie 5 min. Retirez la casserole du feu et mélangez bien au fouet. Le glaçage doit être à la température de 20-25 °C, idéale pour son utilisation. Recouvrez le gâteau, bien froid de préférence, afin que le glaçage se gélifie à son contact.

2

Préparez les copeaux. Placez la plaque à pâtisserie au congélateur. Faites fondre les chocolats au bain-marie séparément.

3

Sur la plaque retournée, étalez le chocolat blanc à l'aide de la spatule (utilisez toujours le chocolat blanc en premier). Replacez la plaque au congélateur quelques instants.

4

Lorsque le chocolat est bien froid, grattez-le, à l'aide d'un grattoir à dents ou d'un couteau à pain, pour réaliser des copeaux. Nettoyez la plaque.

5

Versez ensuite le chocolat noir sur la plaque et laissez-le refroidir.

6

À l'aide d'une spatule longue (ou d'un couteau avec une longue lame), exercez une pression régulière en poussant le chocolat afin de bien former des copeaux longs et enroulés.

7

Décorez votre gâteau. Lorsque les longs copeaux sont prêts, alignez-les bien autour du gâteau nappé. Si le glaçage est déjà sec, déposez un peu de chocolat fondu sur les côtés du gâteau avant de les positionner.

8

Déposez ensuite des copeaux plus petits, noirs et blancs, sur le dessus du gâteau avant de le servir.

POUR 1 GÂTEAU

PRÉPARATION : 45 min | **REPOS** : 30 min | **FACILE** | **RAISONNABLE**

Feuilles d'automne

TECHNIQUE : ***Réaliser des feuilles en chocolat***

LES INGRÉDIENTS À PRÉPARER	LES USTENSILES À RASSEMBLER
POUR LES FEUILLES	
200 g de chocolat (blanc, noir ou au lait)	Des feuilles rigides et nervurées (feuilles de houx, chêne, laurier...) lavées et séchées Pinceau Feuille de papier sulfurisé
POUR LA BASE	
1 génoise de 25 cm de diamètre (voir page 26) recouverte de pâte à sucre blanche (voir page 92)	Fouet Moule rond de 25 cm de diamètre

LE CONSEIL POUR RÉUSSIR

Une fois qu'elles sont prêtes, conservez les feuilles en chocolat au réfrigérateur si vous ne les utilisez pas immédiatement.

VARIANTE

Si vous le souhaitez, coupez la génoise en deux dans l'épaisseur et garnissez-la de crème au beurre et de fruits rouges avant de la recouvrir de pâte à sucre.

1

Réalisez la génoise (voir p. 26). Lorsqu'elle est bien froide, recouvrez-la de pâte à sucre blanche (voir p. 92).

2

Préparez le matériel. Choisissez les feuilles bien épaisses et avec des nervures. Lavez-les et séchez-les bien.

3

Faites fondre le chocolat au bain-marie, puis laissez-le un peu refroidir : pour commencer, le chocolat fondu doit être à température ambiante.

4

Prenez une feuille et, à l'aide d'un pinceau, étalez une épaisse couche de chocolat au dos de la feuille (minimum 1 mm). Répétez l'étape pour les autres feuilles. Déposez-les sur une feuille de papier sulfurisé et mettez au congélateur 30 min.

Sortez les feuilles du congélateur, puis décollez-les délicatement de la couche de chocolat.

5

6

Vos feuilles sont prêtes pour décorer le gâteau. Agrémentez-les de quelques fruits rouges avant de servir.

III La déco en pâte à sucre

PAGE 92

MIMOSA
Masquage simple en pâte à sucre

PAGE 96

DOUCEUR PASTEL
Masquage quadrillé en pâte à sucre

PAGE 100

I LOVE PARIS
Silhouettage en pâte à sucre

PAGE 104

CHAPITEAU DU CIRQUE
Masquage en superposition

PAGE 108

PANIER DE FLEURS
Tressage de la pâte à sucre

PAGE 112

GÂTEAU DRAPÉ
Réaliser un drapé simple en pâte à sucre

PAGE 116

FROU-FROU
Réaliser un drapé complexe en pâte à sucre

PAGE 120

GÂTEAU CHAPEAU
Réaliser un masquage en forme

PAGE 124

BANQUISE

Réaliser des sujets en pâte à sucre

PAGE 128

FÊTE FORAINE

Créer un support en riz soufflé

PAGE 132

PAQUET CADEAU

Réaliser des rubans et des nœuds en pâte à sucre

PAGE 136

GÂTEAU *CHERRY BLOSSOM*

Réaliser des branches et des fleurs simples en pâte à sucre

PAGE 140

GÂTEAU FLEURI

Réaliser des fleurs complexes en pâte à sucre

POUR 1 GÂTEAU

PRÉPARATION : 30 min | **REPOS** : 1 h | **FACILE** | **RAISONNABLE**

Mimosa

TECHNIQUE : ***Masquage simple en pâte à sucre***

LES INGRÉDIENTS
À PRÉPARER

LES USTENSILES
À RASSEMBLER

POUR LE MASQUAGE

Crème au beurre (voir page 42) ou Nutella® Sucre glace 300 g de pâte à sucre maison (voir page 12)	Plateau (tournant si possible) Spatule Rouleau à pâtisserie Lisseur Couteau à pizza ou cutter

POUR LA BASE

1 *chiffon cake* de 20 cm de diamètre (voir page 24)	Tamis Fouet ou robot Saladier Moule rond de 20 cm de diamètre Papier sulfurisé

LE CONSEIL POUR RÉUSSIR

Recouvrir le gâteau de crème au beurre avant de le masquer permet de lisser ses imperfections et à la pâte à sucre d'adhérer sans s'humidifier. Vous pouvez remplacer la crème au beurre par du Nutella® ou de la crème de spéculoos.

VARIANTES

La technique de masquage simple est la même avec de la pâte d'amandes.
Vous pouvez parfumer votre gâteau avec de l'ananas. Ajoutez quelques gouttes d'extrait d'ananas dans la pâte.
Une fois que le gâteau est cuit et froid, coupez-le en deux dans l'épaisseur et garnissez-le de crème au beurre et de petits morceaux d'ananas frais.

1

Préparez la base pour le masquage. Commencez par poser le gâteau sur un plateau. Déposez une partie de la crème au centre du gâteau puis, à l'aide d'une spatule, étalez-la jusqu'à ce que le gâteau soit bien couvert et lissé. Mettez au réfrigérateur pendant au moins 1 h.

2

Travaillez la pâte à sucre. Saupoudrez le plan de travail de sucre glace. Commencez à travailler la pâte à sucre pour l'assouplir avant de l'étaler à l'aide d'un rouleau à pâtisserie. Saupoudrez un peu aussi le dessus de la pâte pour que le rouleau ne colle pas.

3

Soulevez régulièrement la pâte à sucre pour être sûr qu'elle ne colle pas au plan de travail. Mesurez le gâteau et étalez la pâte pour qu'elle soit aussi grande que celui-ci. La pâte à sucre ne doit être ni trop épaisse ni trop fine.

4

Lorsqu'elle est prête, posez le rouleau au milieu de la pâte à sucre et ramenez-le vers vous. Levez le rouleau et recouvrez le gâteau de pâte.

5

Commencez à lisser la pâte à sucre avec vos mains. Appuyez délicatement dessus, le plus vite possible car elle sèche très rapidement. Attention, ne tirez jamais sur la pâte à sucre vers le bas car elle peut se déchirer.

6

Lissez bien à nouveau la pâte à sucre avec un lisseur sur les côtés en évitant de créer des plis. En cas de pli, soulevez délicatement la pâte à l'endroit où le pli s'est formé, tirez-le délicatement vers le côté, puis lissez à la main.

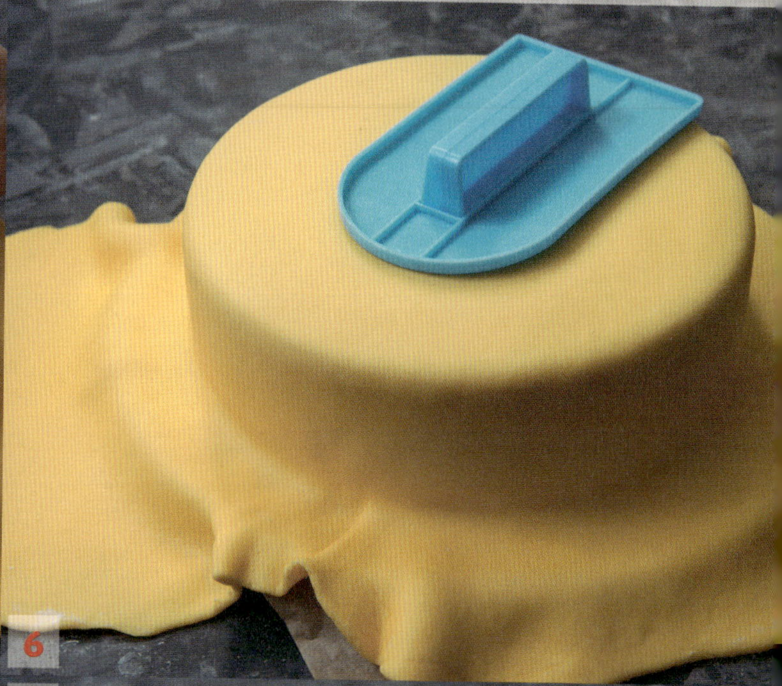

7

Lorsque le gâteau est recouvert, lissez bien avec un lisseur la surface y compris sur les côtés avant de couper l'excès de pâte à l'aide un couteau à pizza.

8

Le gâteau recouvert de pâte à sucre est prêt à être servi ou décoré.

POUR 1 GÂTEAU

PRÉPARATION : 1 h 30 | **FACILE** | **RAISONNABLE**

Douceur pastel

TECHNIQUE : ***Masquage quadrillé en pâte à sucre***

LES INGRÉDIENTS À PRÉPARER

POUR LA TECHNIQUE

2 cakes de 20 cm de diamètre (voir page 20) superposés et recouverts de pâte à sucre verte (voir page 92)
1 cake de 15 cm de diamètre (voir page 20) recouvert de pâte à sucre rose (voir page 92)
Petites perles de sucre nacrées

LES USTENSILES À RASSEMBLER

Feuille de papier
Ciseaux
Épingles
Cure-dents

Feuille cartonnée
Règle, crayon
Outil pointu pour tracer les lignes

LE CONSEIL POUR RÉUSSIR

Pour obtenir des quadrillages plus petits, doublez la largeur du triangle.

Dès que les gâteaux sont totalement recouverts de pâte à sucre, vous devez marquer le haut du gâteau avec des points qui serviront de repères pour tracer le quadrillage.

Découpez la feuille de papier du même diamètre que votre gâteau. Pliez-la autant de fois que vous le souhaitez ; par exemple, pour obtenir un écart de 4 cm entre chaque point pour un diamètre de 20 cm, pliez la feuille 4 fois. Posez-la sur le gâteau et plaquez-la à l'aide d'épingles. Avec le cure-dent, marquez le pourtour du gâteau avec des points en vous servant de l'écart entre chaque pli.

1 2

3

Pour tracer les lignes, servez-vous d'une feuille cartonnée découpée en forme de triangle rectangle. Pour obtenir ce triangle, prenez la hauteur de gâteau et la largeur entre deux des points tracés sur le pourtour du gâteau. À l'aide d'une règle et d'un crayon, tracez le triangle sur du carton et découpez-le.

Plaquez le triangle verticalement sur le tour du gâteau et, à l'aide du dos d'un couteau, tracez une ligne le long du côté le plus long du triangle, entre un point et le bas du gâteau. Procédez sur tout le pourtour du gâteau.

4

Placez ensuite le triangle en carton dans l'autre sens et finalisez le quadrillage en traçant les traits complémentaires.

5

6

Procédez de même sur le plus petit gâteau, puis superposez-les.

7

Placez une perle de sucre à chaque intersection de lignes. Finalisez la décoration en ajoutant une petite bande de pâte à sucre verte en bas du gâteau rose et une petite bande de pâte à sucre rose en bas du gâteau vert.

NOMBRE DE PERSONNES

PRÉPARATION : 1 h 30 | **FACILE** | **RAISONNABLE**

I love Paris

TECHNIQUE : ***Silhouettage en pâte à sucre***

LES INGRÉDIENTS
À PRÉPARER

LES USTENSILES
À RASSEMBLER

POUR LE SILHOUETTAGE

Ingrédients :

Pâte à sucre noire (voir page 12)
Pâte à sucre blanche
Sucre glace

Ustensiles :

Patrons des immeubles, des arbres et des nuages (voir page 214)
Couteau ou cutter
Pinceau
Spatule

POUR LA BASE

Ingrédients :

2 quatre-quarts (voir page 22) carrés de 20 cm de côté superposés et recouverts de pâte à sucre blanche (voir page 92)
2 quatre-quarts (voir page 22) carrés de 15 cm de côté superposés et recouverts de pâte à sucre blanche (voir page 92)
2 quatre-quarts (voir page 22) ronds de 10 cm de diamètre superposés et recouverts de pâte à sucre bleue (voir page 92)

Ustensiles :

Moule à cake ou rond ou carré
Papier sulfurisé
Saladier

Réalisez les trois gâteaux comme indiqué p. 22 et recouvrez-les de pâte à sucre blanche et bleue.

1

Photocopiez les patrons de la p. 214. Découpez-les en suivant bien les formes des silhouettes.

2

3

Travaillez la pâte à sucre noire avec les mains avant de l'étaler sur un plan de travail saupoudré de sucre glace. Disposez le patron des immeubles sur la pâte à sucre et détourez-le à l'aide d'un couteau ou d'un cutter. Enlevez d'abord l'excès de pâte à sucre, puis retirez le patron. Renouvelez l'opération avec les arbres sur la pâte à sucre noire et avec les nuages sur la pâte à sucre blanche.

Humidifiez légèrement la zone du gâteau où vous allez mettre l'image à l'aide d'un pinceau. Décollez délicatement la pâte à sucre à l'aide d'une spatule et collez-la sur le gâteau.

4

5

6

Découpez des petits carrés et rectangles dans la pâte à sucre blanche afin de reconstituer les fenêtres des bâtiments du gâteau inférieur.

POUR 1 GÂTEAU

PRÉPARATION : 1 h | **MOYEN** | **RAISONNABLE**

Chapiteau du cirque

TECHNIQUE : ***Masquage en superposition***

LES INGRÉDIENTS À PRÉPARER

LES USTENSILES À RASSEMBLER

POUR LE MASQUAGE

Ingrédients :

300 g de pâte à sucre rouge
300 g de pâte à sucre jaune
Sucre glace

Ustensiles :

Règle
Feuille cartonnée
Ciseaux
Pochette plastifiée
Papier sulfurisé
Petit emporte-pièce rond
Cutter ou couteau

POUR LA RECETTE

Ingrédients :

1 *chiffon cake* au citron
de 20 cm de diamètre(voir page 24)
recouvert de crème au beurre (voir page 94)

Ustensiles :

Tamis
Fouet ou robot
Saladier
Moule rond de 20 cm de diamètre
Papier sulfurisé

TECHNIQUE POUR MESURER LA TAILLE DES TRIANGLES EN PÂTE À SUCRE

Mesurez le diamètre de votre gâteau, ajoutez la hauteur des côtés et divisez la somme par deux. Le chiffre obtenu vous permettra de déterminer la hauteur des triangles. Pour un gâteau mesurant 36 cm, la hauteur sera donc de 18 cm. Mesurez le contour du gâteau et divisez ce chiffre par le nombre de triangles que vous souhaitez obtenir. Par exemple si vous souhaitez 16 triangles pour un gâteau de 65 cm de pourtour, divisez par 65 par 16. Ajoutez ensuite 1,5 cm pour la pliure, soit une largeur de 5,6 cm pour chaque triangle.

1

Préparez le gâteau comme indiqué p. 24 en ajoutant les zestes de 1 citron dans la pâte, et recouvrez-le de crème au beurre.

2

Dessinez les triangles. Sur une feuille cartonnée, tracez un triangle de 18 cm de long avec une base de 5,6 cm.

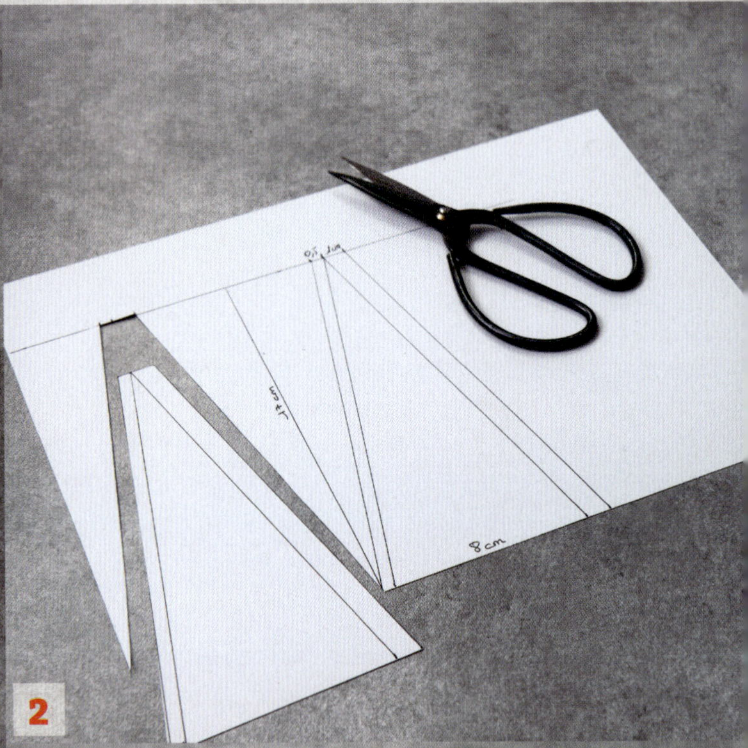

3

Travaillez et étalez la pâte à sucre jaune, sans oublier de saupoudrer le plan de travail avec du sucre glace. Découpez 8 triangles selon le modèle au fur et à mesure de votre besoin ou conservez-les dans une pochette plastifiée pour éviter qu'ils ne sèchent. Répétez la même étape pour la pâte à sucre rouge. Faites un pli de 1 cm sur la longueur de chaque triangle en rabattant la pâte à sucre sous le triangle.

4

Déposez un premier triangle jaune, en plaçant la pointe au centre du gâteau. Utilisez une bande de papier sulfurisé avant de poser ce premier triangle.

5

Disposez les autres triangles sur la surface du gâteau en alternant les couleurs et en les superposant sur 0,5 cm.

6

Enlevez la bande de papier au moment de déposer le dernier triangle pour l'assembler avec le premier triangle.

7

Coupez le surplus de pâte à sucre sur les côtés. Découpez la pâte au centre à l'aide d'un couteau ou d'un emporte-pièce en forme de cercle. Remplacez l'espace par un cercle en pâte à sucre jaune surmonté d'un dôme en pâte à sucre rouge.

POUR 1 GÂTEAU

PRÉPARATION : 1 h 30 | **MOYEN** | **RAISONNABLE**

Panier de fleurs

TECHNIQUE : ***Tressage de la pâte à sucre***

LES INGRÉDIENTS À PRÉPARER	LES USTENSILES À RASSEMBLER
POUR LA TECHNIQUE	
600 g de pâte à sucre colorée en marron Sucre glace	Roulette à pizza ou couteau Rouleau à pâtisserie Pinceau Fil de fer
POUR LA BASE	
2 cakes à la vanille ronds de 20 cm de diamètre (voir page 20) recouvert de crème au beurre (voir page 66)	Tamis Moule à cake ou rond ou carré Papier sulfurisé Saladier

Préparez le gâteau comme indiqué p. 20, en ajoutant quelques gouttes d'extrait de vanille (ou les graines d'une gousse de vanille) dans la pâte. Préparez la crème au beurre comme indiqué p. 42 et recouvrez-en le gâteau.

1

Mesurez le contour de votre gâteau et étalez la pâte à sucre en deux rectangles d'une hauteur égale à celle du gâteau et d'une longueur plus grande de 15 cm. À l'aide d'un couteau, coupez des bandes horizontales sur le premier rectangle et verticales sur le deuxième de 1,5 cm de large. Disposez sur votre plan de travail les bandes horizontales les unes au-dessus des autres et procédez au tressage en insérant une bande verticale alternativement dessus et dessous les bandes horizontales.

2

3

Une fois le tressage terminé, saupoudrez-le de sucre glace, enroulez-le sur le rouleau à pâtisserie.

4

Déroulez-le délicatement autour du gâteau. Collez les deux extrémités du tressage avec de l'eau.

Retravaillez la pâte à sucre et réalisez six boudins assez fins, dont trois plus longs. Tressez ces trois boudins plus longs entre eux. Réservez. Tressez les trois plus petits, en les enroulant autour d'un morceau de fil de fer.

5

Fixez cette tresse pour réaliser l'anse du panier. Le fil de fer lui permettra de tenir en forme.

6

7

Fixez la tresse la plus longue sur le pourtour du panier en l'humidifiant avec un peu d'eau à l'aide du pinceau. Retravaillez le reste de pâte à sucre, puis étalez-le pour obtenir un cercle de 20 cm de diamètre qui couvrira le haut du gâteau. Ajoutez des fleurs en pâte à sucre (voir p. 136 et p. 140) avant de servir.

POUR 1 GÂTEAU DE 3 ÉTAGES

PRÉPARATION : 45 min | **FACILE** | **RAISONNABLE**

Gâteau drapé

TECHNIQUE : ***Réaliser un drapé simple en pâte à sucre***

LES INGRÉDIENTS À PRÉPARER

LES USTENSILES À RASSEMBLER

POUR LE DRAPAGE

Ingrédients :

400 g de pâte à sucre bleu foncé
300 g de pâte à sucre beige
Eau

Ustensiles :

Rouleau à pâtisserie
Couteau
Des baguettes ou des brochettes en bois
Pinceau

POUR LA BASE

Ingrédients :

2 cakes de 25 cm de diamètre (voir page 20) superposés et recouverts de pâte à sucre beige (voir page 92)
2 cakes de 20 cm de diamètre (voir page 20) superposés et recouverts de pâte à sucre bleu foncé (voir page 92)
2 cakes de 15 cm de diamètre (voir page 20) superposés et recouverts de pâte à sucre beige (voir page 92)

Ustensiles :

Tamis
Moule à cake ou rond ou carré
Papier sulfurisé
Saladier

Préparez les trois cakes comme indiqué p. 20, recouvrez-les de pâte à sucre (voir p. 92), puis empilez-les (voir p. 38).

1

Étalez la pâte à sucre bleue et découpez un rectangle de 50 x 12 cm. Repliez chaque long côté de 0,5 cm. Retournez le rectangle pour avoir les plis en-dessous, puis disposez une baguette ou une brochette en bois dessous et une par-dessus. Faites la même chose à l'autre extrémité du rectangle. Assurez-vous de bien plier les deux côtés mais sans que ça colle au milieu. N'attendez pas trop longtemps avant de poser le drap sur le gâteau, car la pâte à sucre sèche rapidement.

2

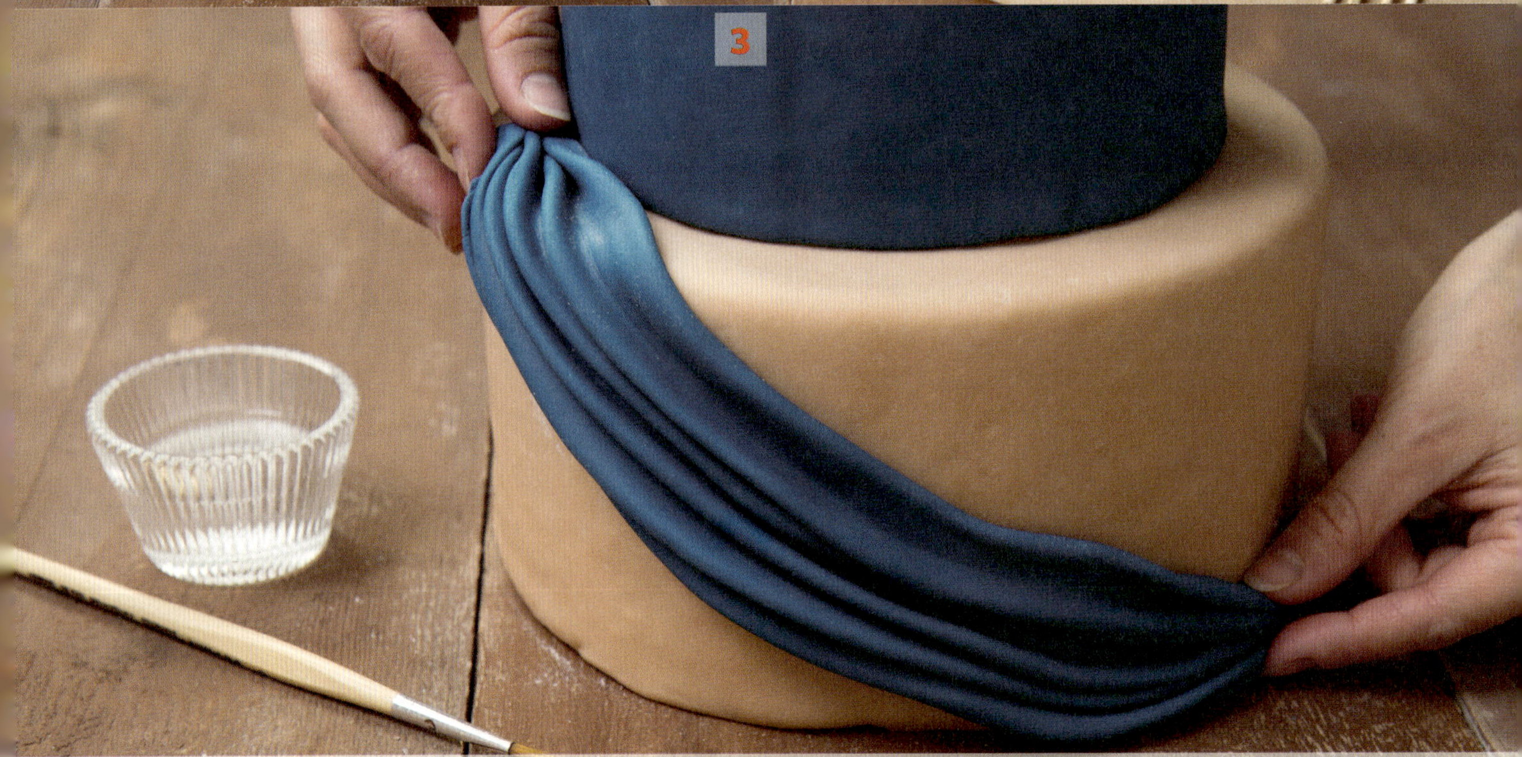

3

Humidifiez les parties du gâteau de 25 cm où le drap sera posé. Retirez les baguettes, puis collez le drapé délicatement en commençant par le haut.

Pour le gâteau de 20 cm, réalisez un rectangle de pâte à sucre beige de 45 x 12 cm. Recréez le drapé avec les baguettes comme sur la photo 2. Posez-le sur le gâteau après avoir humidifié celui-ci, en commençant par l'extrémité haute du premier drapé.

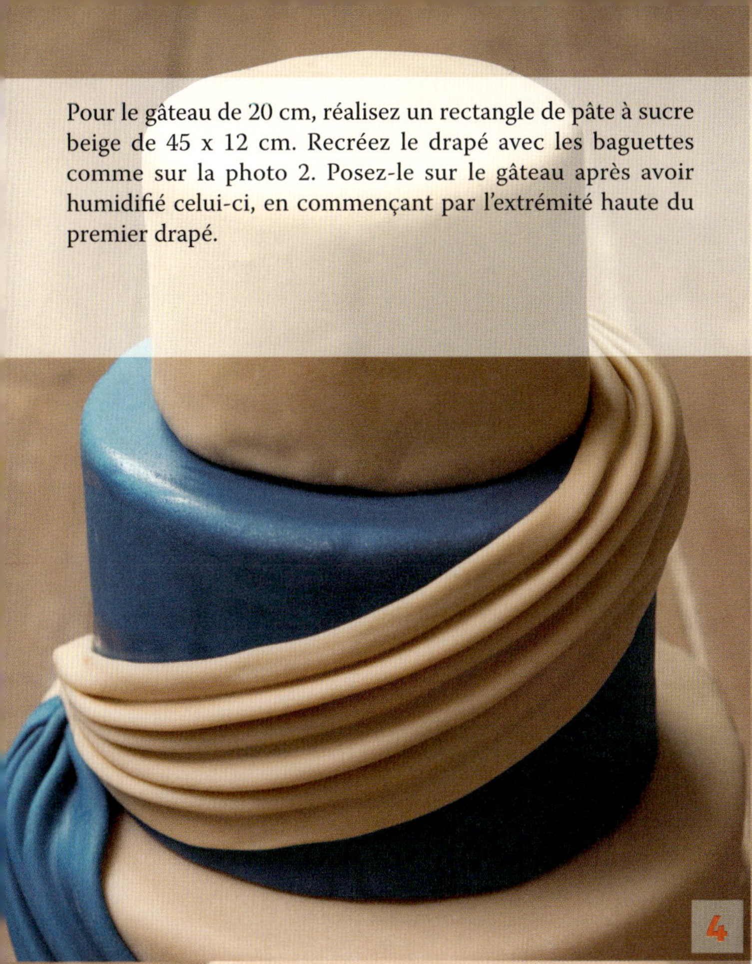

4

Pour le dernier gâteau, faites un rectangle de pâte à sucre bleue de 45 x 12 cm. Posez le drapé en commençant par l'extrémité haute du drapé du deuxième gâteau. Laissez le drapé dépasser de 5 cm sur le côté du gâteau.

5

6

Terminez en piquant une fleur en pâte à sucre (voir p. 136 ou p. 140) à chaque jonction des drapés.

7

Le gâteau drapé est prêt à être dégusté.

POUR UN GÂTEAU

PRÉPARATION : 1 h 30 | **DIFFICILE** | **RAISONNABLE**

Frou-frou

TECHNIQUE : ***Réaliser un drapé complexe en pâte à sucre***

LES INGRÉDIENTS À PRÉPARER

LES USTENSILES À RASSEMBLER

POUR LA TECHNIQUE

Ingrédients	Ustensiles
150 g de pâte à sucre orange pâle	Rouleau
150 g de pâte à sucre orange	Couteau
200 g de pâte à sucre orange foncé	Pinceau
200 g de pâte à sucre orange très foncé	
Sucre glace	

POUR LA BASE

Ingrédients	Ustensiles
2 *chiffon cakes* de 15 cm de diamètre (voir page 24), superposés et recouverts de pâte à sucre orange pâle (voir page 92)	Tamis
2 *chiffon cakes* de 10 cm de diamètre (voir page 24), superposés et recouverts de pâte à sucre orange pâle (voir page 92)	Moule à cake ou rond ou carré
	Papier sulfurisé
	Saladier

1

Préparez les deux gâteaux comme indiqué p. 24, recouvrez-les de pâte à sucre (voir p. 92) et superposez-les (voir p. 38).

2

Préparez les pâtes à sucre et travaillez-les bien.

3

Étalez la pâte à sucre la plus claire et découpez des bandes de 2 x 15 cm. Retaillez-les pour leur donner un côté arrondi.

Humidifiez la moitié de la longueur de la première bande à l'aide d'un pinceau et collez-la sur le haut du plus petit gâteau. Laissez-la dépasser de 1 cm. Placez les bandes suivantes en les superposant au niveau des pointes non collées, jusqu'à la moitié du gâteau. Continuez ensuite avec la pâte à sucre d'une teinte plus foncée.

4

5

Recouvrez de la même façon le plus gros gâteau, avec les deux teintes les plus foncées. Écartez ensuite légèrement le haut des bandes avec un doigt ou à l'aide d'un cure-dents pour donner un peu d'effet de drapage.

6

Le gâteau drapé est prêt à être dégusté.

NOMBRE DE PERSONNES

PRÉPARATION : 1 h | FACILE | RAISONNABLE

Gâteau chapeau

TECHNIQUE : ***Réaliser un masquage en forme***

LES INGRÉDIENTS À PRÉPARER

LES USTENSILES À RASSEMBLER

POUR LA TECHNIQUE

750 g de pâte à sucre rose foncé	Papier épais
300 g de pâte à sucre rose pâle	Ciseaux
Sucre glace	Ruban adhésif
	Rouleau à pâtisserie
	Lisseur à pâtisserie

POUR LA BASE

1 génoise de 15 cm de diamètre (voir page 26) recouverte de crème au beurre	Fouet
	Moule rond de 15 cm de diamètre

Préparez la génoise comme indiqué p. 26, et recouvrez-la de crème au beurre.

Coupez des rectangles de papier et roulez-les pour en faire des cônes (entre 2 et 6 cm de diamètre pour l'ouverture). Scotchez-les.

1

2

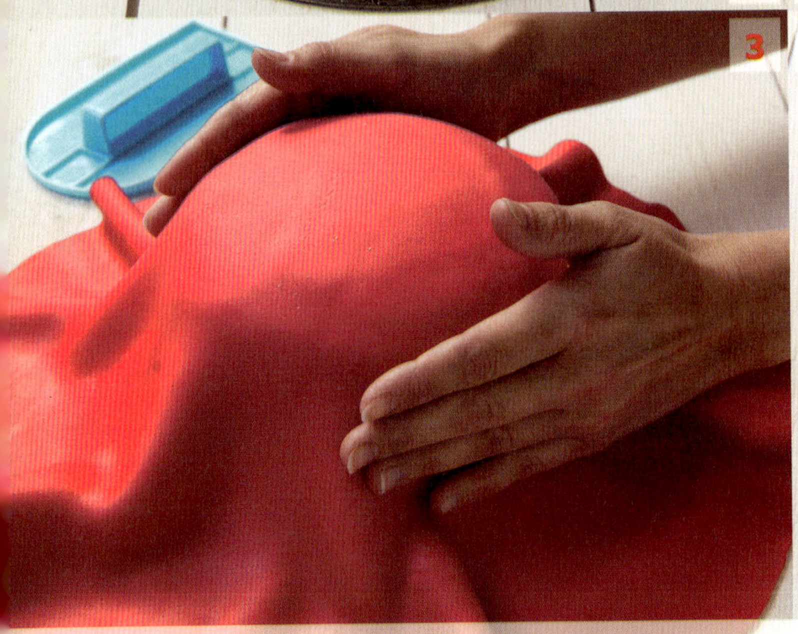

3

4

Saupoudrez le plan de travail de sucre glace et travaillez la pâte à sucre. Étalez-la en un cercle d'environ 60 cm de diamètre (20 cm pour le diamètre du gâteau + 20 cm pour la hauteur du gâteau + 10 cm pour les bords du chapeau). Prévoyez donc 64 cm de diamètre de pâte à sucre. Soulevez la pâte à l'aide d'un rouleau à pâtisserie et posez-la délicatement au centre du gâteau. Lissez la surface et les côtés du gâteau à l'aide d'un lisseur à pâtisserie.

Soulevez les bords du chapeau à intervalles réguliers.

5

Insérez les cônes en papier sous les plis réalisés.

6

Étalez la pâte à sucre rose pâle. Découpez une band de 2 cm de large et disposez-la tout autour du gâteau. Avec le reste de pâte à sucre, réalisez les différents morceaux d'un nœud (voir p. 132).

7

Fixez le nœud sur le ruban en l'humidifiant légèrement.

8

Lorsque la pâte à sucre est sèche et que les plis du chapeau sont pris, retirez les cônes en papier. Si vous le souhaitez, terminez la décoration en ajoutant des fleurs en pâte à sucre (voir p. 159).

POUR 1 GÂTEAU

PRÉPARATION : 1 h 30 | **MOYEN** | **RAISONNABLE**

Banquise

TECHNIQUE : ***Réaliser des sujets en pâte à sucre***

LES INGRÉDIENTS À PRÉPARER

POUR LES SUJETS

250 g de pâte à sucre noire
150 g de pâte à sucre blanche
30 g de pâte à sucre orange

POUR LA BASE

3 *chiffon cakes* de 20 cm de diamètre (voir page 24) recouverts de pâte à sucre bleu foncé (voir page 92)
2 *chiffon cakes* de 15 cm de diamètre (voir page 24) recouverts de pâte à sucre bleu foncé (voir page 92)
75 g de pâte à sucre grise
200 g de pâte à sucre blanche

LES USTENSILES À RASSEMBLER

POUR LES SUJETS

Petit emporte-pièce ovale
Petit emporte-pièce cœur
Couteau
Cure-dents
Pinceau

POUR LA BASE

Tamis
Fouet ou robot
Saladier
Moule rond de 20 cm de diamètre
Papier sulfurisé

Superposez les trois gâteaux, comme indiqué p. 38.

Étalez la pâte à sucre grise en rectangle. Coupez l'un des grands côtés du rectangle en formant des « vagues ». Humidifez légèrement le bas du gâteau et placez la pâte à sucre grise sur tout le pourtour. Coupez le bas avec un couteau. Renouvelez l'opération avec la pâte à sucre blanche.

1

2

3

Réalisez les pingouins. Travaillez la pâte à sucre noire. Formez un ovale de 4,5 cm de hauteur et de 12 cm de tour de taille pour le corps, ainsi qu'une petite boule de 9 cm de diamètre pour la tête. Pincez légèrement un côté de la petite boule avec deux doigts pour former le visage.

Étalez la pâte à sucre noire et coupez 2 ovales à l'aide de l'emporte-pièce pour les ailes. Formez 2 petites boules pour les yeux. Insérez un cure-dent dans le corps et placez ensuite la tête par-dessus. Étalez la pâte à sucre blanche. Découpez un cœur et un ovale de 4 x 3 cm par pingouin à l'aide des emporte-pièce. Coupez les pointes des cœurs. Avec la pâte à sucre orange, formez les becs des pingouins. Collez les éléments coupés et formés sur le visage et le corps du pingouin en humidifiant légèrement avec un pinceau.

4

5

Déposez les pingouins sur le sommet du gâteau.

6

Le gâteau banquise est prêt à être dégusté.

POUR 1 GÂTEAU

PRÉPARATION : 30 min | **CUISSON :** 10 min | **RÉFRIGÉRATION :** 3 h | **ASSEZ FACILE** | **RAISONNABLE**

Fête foraine

TECHNIQUE : ***Créer un support en riz soufflé***

LES INGRÉDIENTS À PRÉPARER

LES USTENSILES À RASSEMBLER

POUR LES 3 BALLONS

35 g de beurre
½ sachet (environ 140 g) de marshmallows (ou de guimauves vanillées)
85 g de riz soufflé de type Rice Krispies
½ sachet de sucre vanillé
50 g de crème au beurre
150 g de pâte à sucre bleue
150 g de pâte à sucre rouge
150 g de pâte à sucre blanche
Sucre glace

Casserole antiadhésive
Spatule en bois
Film plastique
3 œufs en plastique coupés en deux
3 piques à brochettes en bois

POUR LA BASE

2 cakes de 25 cm de diamètre (voir page 20) superposés et recouverts de pâte à sucre blanche (voir page 92)
1 cake de 20 cm de diamètre (voir page 20) recouvert de pâte à sucre blanche (voir page 92)
1 cake de 15 cm de diamètre (voir page 20) recouvert de pâte à sucre blanche (voir page 92)

Tamis
Moule à cake ou rond ou carré
Papier sulfurisé
Saladier

LE CONSEIL POUR RÉUSSIR

Cette préparation au riz soufflé vous permettra de réaliser les formes de votre choix. Si vous souhaitez faire des formes autres que les ballons, divisez la préparation en deux et disposez-la dans deux bols (d'au moins 12 cm de diamètre) tapissés de papier sulfurisé en tassant bien. Laissez refroidir pendant au moins 3 h. Démoulez et taillez la forme que vous souhaitez, avant de la recouvrir d'une couche de crème au beurre et de pâte à sucre ou de pâte d'amandes.

À SAVOIR

Le patron du chat du 2e étage se trouve page 215.

1

Préparez les trois gâteaux comme indiqué p. 20, recouvrez-les de crème au beurre puis de pâte à sucre blanche (voir p. 92), puis superposez-les (voir p. 38).

2

Dans une grande casserole antiadhésive, faites fondre doucement le beurre. Incorporez les marshmallows et mélangez avec une spatule en bois jusqu'à ce qu'ils soient totalement fondus.

3

Ajoutez le riz soufflé et le sucre vanillé, puis mélangez bien.

4

Chemisez les deux moitiés des œufs en plastique de papier film et remplissez-les de la préparation. Refermez les œufs et laissez refroidir 3 h.

5

Dès que la préparation est refroidie, retirez-la des œufs et taillez-la pour obtenir une forme régulière. Insérez une pique à brochette en bois sur la base des œufs. Recouvrez les œufs de crème au beurre et lissez. Travaillez les pâtes à sucre et étalez-les pour former des cercles qui couvriront les œufs. Lorsque chaque œuf est recouvert, lissez-le en le faisant glisser entre les deux mains pour obtenir une forme uniforme.

6

Façonnez un petit boudin de pâte à sucre (environ 4 cm de long) et enroulez-le autour de la pique en bois, en le collant au ballon. Réalisez ensuite un petit disque (environ 2 cm de diamètre) et enfilez-le sur la pique pour figurer le nœud du ballon. Faites la même chose sur les trois ballons.

7

Recouvrez les piques à brochettes de ficelles colorées.

8

Plantez les ballons dans le gâteau, puis fixez-les ficelles sur le côté de celui-ci. Finalisez la décoration du gâteau en ajoutant des confettis de pâte à sucre sur les différents étages. Pour le chat en pâte à sucre, reportez-vous au patron.

POUR 2 GÂTEAUX

PRÉPARATION : 2 h | **REPOS :** 1 nuit | **FACILE** | **RAISONNABLE**

Paquet cadeau

TECHNIQUE : ***Réaliser des rubans et des nœuds en pâte à sucre***

LES INGRÉDIENTS À PRÉPARER	LES USTENSILES À RASSEMBLER
POUR LES RUBANS ET NŒUDS	
Sucre glace 200 g de pâte à sucre blanche 50 g de pâte à sucre moutarde	Rouleau à pâtisserie Petit pinceau alimentaire Papier épais Carton
POUR LA BASE	
2 génoises carrées de 15 cm de côté (voir page 26) à l'arôme ananas, recouvertes de pâte à sucre moutarde (voir page 92) Colorant alimentaire doré en poudre	Fouet Moule rond de 25 cm de diamètre

Saupoudrez le plan de travail de sucre glace et travaillez la pâte à sucre blanche. Étalez-la et formez un rectangle de 25 x 7 cm. Marquez le milieu et humidifiez-le légèrement avec un pinceau. Rabattez et collez les deux côtés du rectangle au milieu. Insérez deux petits rouleaux de papier dans chaque boucle. Pincez légèrement le centre du nœud entre vos doigts. Laissez sécher une nuit.

Dès que le ruban est sec, étalez à nouveau la pâte à sucre et faites un rectangle de 8 x 6 cm. Pliez les deux côtés et rapprochez les bords. Enroulez ce lien autour du ruban et collez-le avec un peu d'eau.

Pour les rubans, faites 2 rectangles de 10 x 3 cm. Coupez un petit triangle à l'une des extrémités, puis pincez l'autre entre vos doigts. Laissez sécher toute la nuit.

Pour faire des rubans en boucle, coupez 13 bandes et rabattez une extrémité sur l'autre. Collez-les avec de l'eau à l'aide d'un pinceau. Placez des bandes en carton roulé dans les rubans et laissez sécher pendant toute la nuit.

Préparez les gâteaux comme indiqué p. 26, en ajoutant de l'arôme ananas dans la pâte. Puis recouvrez-les de pâte à sucre moutarde (voir p. 92). Appliquez du colorant alimentaire doré en poudre au pinceau sur toute la surface des gâteaux à l'aide d'un pinceau.

5

Décorez le premier gâteau. Étalez de la pâte à sucre blanche, puis coupez deux bandes de 2 cm de large. Humidifiez le gâteau et disposez les bandes de pâte tout autour. Étalez la pâte à sucre moutarde et coupez une longue bande 0,5 cm de large. Fixez-la avec un peu d'eau sur la bande de pâte à sucre blanche. Fixez ensuite deux rubans, puis le nœud en les humidiant légèrement.

6

7

Décorez le deuxième gâteau. Étalez de la pâte à sucre blanche, puis coupez deux bandes de 2 cm de large. Humidifiez le gâteau et disposez les bandes de pâte tout autour. Retirez les bandes de papier des rubans et déposez les 6 premiers sur le gâteau. Humidifiez légèrement pour coller. Ajoutez les autres rubans en les superposant et terminez en plaçant un ruban au centre.

8

Les gâteaux cadeaux sont prêts à être servis. Vous pouvez ajouter des petites étoiles en pâte à sucre blanche ou moutarde si vous le souhaitez.

POUR 1 GÂTEAU

PRÉPARATION : 1 h 30 | **REPOS :** 1 nuit | **FACILE** | **RAISONNABLE**

Cherry blossom

TECHNIQUE : ***Réaliser des branches et des fleurs simples en pâte à sucre***

LES INGRÉDIENTS À PRÉPARER

POUR LES BRANCHES ET LES FLEURS

75 g de pâte à sucre colorée en rose pâle
75 g de rose foncé
100 g de pâte à sucre marron
Colorant métallique rose foncé (facultatif)
Billes de sucre argentées

POUR LA BASE

1 *chiffon cake* de 20 cm de diamètre (voir page 24) recouvert de pâte à sucre blanche (voir page 92)
1 *chiffon* cake de 15 cm de diamètre (voir page 24) recouvert de pâte à sucre blanche (voir page 92)

LES USTENSILES À RASSEMBLER

POUR LES BRANCHES ET LES FLEURS

Rouleau à pâtisserie
Emporte-pièce en forme de petite fleur (pour un emporte-pièce maison, voir page 168)
Moule à fleurs en silicone (ou plateau à œufs)
Pinceau

POUR LA BASE

Tamis
Fouet ou robot
Saladier
Moule rond de 20 cm de diamètre
Papier sulfurisé

1

Préparez les deux gâteaux comme indiqué p. 24, recouvrez-les de pâte à sucre blanche (voir p. 92), puis superposez-les (voir p. 38).

2

Commencez par faire des fleurs *cherry blossom*. Travaillez et étalez les pâtes à sucre roses. Coupez des fleurs à l'aide de l'emporte-pièce. Courbez les fleurs à l'aide d'un moule en silicone.

3

Si vous ne possédez pas de moule en silicone, placez les fleurs coupées dans le plateau à œufs (de façon à ce qu'elles ne se touchent pas). Laissez sécher au moins une nuit pour prendre la forme courbe.

4

Le lendemain, réalisez des boudins de pâte à sucre marron et façonnez-les de façon à figurer les branches.

5

Humidifiez le gâteau à l'aide d'un pinceau à l'endroit où vous souhaitez mettre les branches. Posez ensuite la pâte à sucre en faisant monter les branches tout le long du gâteau.

6

Colorez le centre des fleurs claires en rose foncé avec un colorant alimentaire en poudre à l'aide d'un pinceau. Ajoutez des billes de sucre argentées après avoir très légèrement humidifié le centre de la fleur.

7

Humidifiez légèrement le verso des fleurs et parsemez-les tout le long des branches, en alternant les couleurs.

8

Le gâteau *cherry blossom* est prêt à être dégusté.

POUR UN GÂTEAU

PRÉPARATION : 1 h | **REPOS** : 1 nuit **(CALLA)** | 24 h **(LYS)** | **FACILE** | **RAISONNABLE**

Gâteau fleuri

TECHNIQUE : ***Réaliser des fleurs complexes en pâte à sucre***

LES INGRÉDIENTS À PRÉPARER

LES USTENSILES À RASSEMBLER

POUR LES CALLAS

Ingrédients :

100 g de pâte à sucre blanche ou rouge
½ cuil. à café de tylose (gomme en poudre)

Ustensiles :

Carton souple
Rouleau à pâtisserie
Emporte-pièce en forme de cœur de 7,5 cm
Cure-dents
Pinceau

POUR LES LYS

Ingrédients :

100 g de pâte à sucre blanche, rouge ou rose pâle
Tylose (gomme en poudre) (facultatif)
Muscade en poudre

Ustensiles :

Fil métallique
Rouleau à pâtisserie
Emporte-pièce maison (en forme de pétale de lys, voir page 168)
Cure-dents
Ruban adhésif vert

POUR LA BASE

2 quatre-quarts de 25 cm de diamètre (voir page 22) superposés et recouverts de pâte à sucre blanche (voir page 92)
1 quatre-quarts de 20 cm de diamètre (voir page 22) recouvert de pâte à sucre blanche (voir page 92)
1 quatre-quarts de 15 cm de diamètre (voir page 22) recouvert de pâte à sucre blanche (voir page 92)

LE CONSEIL POUR RÉUSSIR

*Le tylose est facultatif. Vous pouvez en trouver sur Internet, sur les sites spécialisés. Si vous n'en trouvez pas, réalisez les fleurs en pâte à sucre simple et laissez-les durcir plus longtemps (environ 2 jours, en fonction de l'humidité de votre maison). Si vous l'utilisez, mélangez-le à la pâte à sucre pour obtenir de la pâte à gomme (*gumpaste*). Ce mélange permet à votre création d'être plus dure après le séchage de la pâte à sucre. Enveloppez bien la pâte à gomme dans un film plastique puis dans un sac de congélation car elle sèche et durcit rapidement. Vous pouvez l'utiliser tout de suite ou laisser reposer pendant une nuit.*

Réalisez les lys. Coupez 12 tiges métalliques de 20 cm. Courbez le bout de 4 tiges. Formez 4 petites boules de pâte à sucre. Roulez chaque boule sur votre paume pour obtenir une forme oblongue. Trempez les bouts recourbés des 4 fils dans de l'eau, insérez-les ensuite dans la pâte, puis trempez-les dans de la muscade en poudre. Laissez-les sécher.

Étalez la pâte à sucre avec un rouleau. Découpez 7 pièces dans la pâte à l'aide de l'emporte-pièce en forme de pétale de lys (un lys n'a que 6 pétales, mais faites-en un de plus au cas où l'un d'eux se casserait). À l'aide d'un cure-dent, marquez légèrement les bords du pétale pour donner un peu d'effet de relief.

1

2

3

4

Trempez un fil métallique dans de l'eau puis insérez-le délicatement dans le pétale. Il ne faut pas que le fil ressorte de la pâte à sucre. Courbez-le légèrement et laissez sécher sur quelque chose de courbe pendant 24 h ou plus. Formez les 6 autres pétales de la même façon.

Dès que les fleurs sont sèches, rassemblez les tiges pour former le lys : recouvrez la tige du pistil de ruban adhésif vert, puis ajoutez les étamines une par une, en ajoutant à chaque fois du ruban adhésif. Finissez par les pétales, en ajoutant du ruban adhésif à chaque pétale.

Réalisez les callas. Faites un cône en carton de 10 cm de longueur et de 5 cm de diamètre. Travaillez la pâte à sucre puis étalez-la . Découpez un cœur avec l'emporte-pièce. Enroulez-le sur le cône, rabattez un côté, collez avec un peu d'eau puis rabattez l'autre côté. Laissez un petit trou pour pouvoir passer la tige. Pour donner un peu d'effet de relief, tirez légèrement les bords vers le haut. Travaillez un petit morceau de pâte à sucre pour assouplir la pâte. Formez une petite boule puis roulez-la entre les deux mains pour obtenir un pistil. Insérez un cure-dents. Laissez sécher le tout pendant une nuit. Lorsque les deux parties sont sèches, humidifiez un peu le centre et insérez le pistil dans le calla. Laissez sécher à l'envers.

5

Réalisez les trois gâteaux comme indiqué p. 22, recouvrez-les de pâte à sucre (voir p. 92), puis empilez-les en les décalant légèrement (voir p. 38).

6

7

Plantez les lys dans le gâteau, en les répartissant soigneusement.

8

Complétez avec les callas.

IV La déco en pâte d'amandes

PAGE 146

LITTLE PRINCESS

Réaliser une plaquette message en pâte d'amandes

PAGE 150

GÂTEAU ARLEQUIN

Réaliser des écailles en pâte d'amandes

PAGE 154

JARDIN À LA CAMPAGNE

Réaliser des sujets simples en pâte d'amandes

PAGE 158

PURPLE CAKE

Réaliser des fleurs et feuillage en pâte d'amandes

La pâte d'amandes maison

POUR 1 GÂTEAU

PRÉPARATION : 1 h | **FACILE** | **RAISONNABLE**

Little Princess

TECHNIQUE : ***Réaliser une plaquette message en pâte d'amandes***

LES INGRÉDIENTS À PRÉPARER

LES USTENSILES À RASSEMBLER

POUR LA PLAQUETTE MESSAGE

300 g de pâte d'amandes rose	Emporte-pièce rond cannelé
Sucre glace	Papier sulfurisé
100 g de chocolat noir	Rouleau à pâtisserie
	Couteau ou ciseaux

POUR LA BASE

1 génoise de 25 cm de diamètre (voir page 26) recouverte de pâte d'amandes rose (voir page 92)	Fouet
300 g de pâte d'amandes rouge	Moule rond de 25 cm de diamètre
Perles de sucre	

ASTUCE

Pour donner de l'effet relief à la plaquette en pâte d'amandes, tamponnez celle-ci avec un pinceau trempé dans du colorant alimentaire en gel marron.

Little
Princess

1

Préparez la génoise comme indiqué p. 26, puis recouvrez-la de pâte d'amandes rose (voir p. 92).

2

Étalez la pâte d'amandes rouge à l'aide d'un rouleau à pâtisserie, soit directement sur le plan de travail saupoudré de sucre glace, soit entre deux feuilles de papier sulfurisé. Il faut obtenir une bande de 5 cm de large et d'une longueur égale à celle du contour du gâteau. À l'aide de l'emporte-pièce, coupez des demi-cercles de pâte tout le long de la bande.

3

Humidifiez le bas du gâteau sur tout son pourtour. Collez la bande de pâte d'amandes rouge. Formez ensuite un rectangle de pâte d'amandes rose de 16 x 8 cm. Roulez les deux petits côtés du rectangle sur eux-mêmes pour donner un effet parchemin. Désposez-le sur le gâteau.

4

Fabriquez le cornet. Coupez un triangle de papier sulfurisé à l'aide d'un couteau ou de ciseaux.

Placez le triangle face à vous, la pointe vers vous. Rabattez chaque angle vers l'autre côté, puis formez le cornet entre vos mains. Pliez le papier qui dépasse vers l'intérieur pour maintenir la forme du cornet.

5

Faites fondre le chocolat au micro-ondes et mélangez bien pour obtenir une préparation lisse. Remplissez le cornet de chocolat et repliez l'ouverture. Coupez le bout du cornet.

6

7

À l'aide du cornet, écrivez le message de votre choix sur la plaquette en pâte d'amandes.

8

Finissez la décoration du gâteau avec des fleurs en pâte d'amandes (voir p. 158) et des perles de sucre.

POUR 1 GÂTEAU

PRÉPARATION : 2 h | **FACILE** | **RAISONNABLE**

Arlequin

TECHNIQUE : ***Réaliser des écailles en pâte d'amandes***

LES INGRÉDIENTS À PRÉPARER

LES USTENSILES À RASSEMBLER

POUR LA TECHNIQUE

Ingrédients :

100 g de pâte d'amandes noire
100 g de pâte d'amandes jaune
100 g de pâte d'amandes bleue
100 g de pâte d'amandes rouge
100 g de pâte d'amandes verte
100 g de pâte d'amandes rose
Eau

Ustensiles :

Papier sulfurisé
Emporte-pièce rond de 2 cm de diamètre
Pinceau

POUR LA BASE

Ingrédients :

2 *chiffon cakes* de 20 cm de diamètre (voir page 24) superposés et recouverts de pâte d'amandes bleue (voir page 92)
1 *chiffon cake* de 15 cm de diamètre (voir page 24) recouvert de pâte d'amandes jaune (voir page 92)

Ustensiles :

Tamis
Fouet ou robot
Saladier
Moule rond de 20 cm de diamètre
Papier sulfurisé

Préparez les deux gâteaux comme indiqué p. 24, recouvrez-les de pâtes d'amandes (voir p. 92), puis superposez-les (voir p. 38). Déposez-les sur le plat de service.

1

Travaillez les pâtes d'amandes pour les assouplir un peu.

2

3

Étalez les pâtes d'amandes sur du papier sulfurisé. Coupez-les en ronds de 2 cm de diamètre à l'aide de l'emporte-pièce.

4

Avec de l'eau et à l'aide d'un pinceau, collez les premières écailles coupées en commençant par la base de gâteau. Laissez dépasser la moitié des écailles sur le plat de service.

5

Superposez les moitiés des ronds suivants sur les premiers en alternant bien les couleurs.

6

Recouvrez de cette façon tout le pourtour de l'étage inférieur du gâteau.

7

Répétez l'étape pour le deuxième étage de gâteau.

8

Pour terminer, coupez trois ronds de trois tailles différentes dans les pâtes d'amandes rose, rouge et jaune. Superposez les trois ronds en les collant avec un peu d'eau. Fixez-les au sommet du gâteau.

POUR UN GÂTEAU

PRÉPARATION : 1 h 30 | **FACILE** | **RAISONNABLE**

Jardin à la campagne

TECHNIQUE : ***Réaliser des sujets simples en pâte d'amandes***

LES INGRÉDIENTS À PRÉPARER

POUR LES SUJETS

150 g de pâte d'amandes rouge
100 g de pâte d'amandes verte
150 g de pâte d'amandes noire
Eau
Sucre glace

POUR LA BASE

2 gâteaux au chocolat carrés de 15 cm de côté (voir page 30) superposés et recouverts de pâte d'amandes blanche (voir page 92)
2 gâteaux au chocolat carrés de 20 cm de côté (voir page 30) superposés et recouverts de pâte d'amandes verte (voir page 92)

LES USTENSILES À RASSEMBLER

POUR LES SUJETS

Rouleau à pâtisserie
Couteau
5 cure-dents
Papier
Ciseaux
Ruban ou fil marron de 80 cm
Pinceau
2 brochettes en bois

POUR LA BASE

Tamis
Saladier
Fouet
Batteur électrique
Moule rond de 25 cm de diamètre
Papier sulfurisé

Préparez les gâteaux comme indiqué p. 30, recouvrez-les de pâte d'amandes (voir p. 92), puis superposez-les (voir p. 38).

Façonnez les cerises. Formez 5 petites boules en pâte d'amandes rouge. Avec le bout du pinceau, faites un petit trou dans chaque boule. Avec le dos d'un couteau, faites une marque sur la moitié de chaque boule en partant du trou. Recouvrez les cure-dents de pâte d'amandes vertes et coupez-les à 4 cm de long. Laissez sécher, puis assemblez-les avec les cerises (deux cerises doubles et une cerise simple).

1

2

3

Photocopiez puis découpez les patrons de la p. 215 (vêtements, pinces à linge et éléments de la barrière). Saupoudrez le plan de travail avec du sucre glace pour limiter l'adhérence.

Étalez les pâtes d'amandes rouge et verte. Disposez les patrons des vêtements sur les pâtes d'amandes et coupez-les.

Étalez la pâte d'amandes noire et découpez les éléments de la barrière grâce aux patrons (4 piquets verticaux et 4 barrières horizontales). Découpez également les pinces à linge.

4

5

Attachez le fil ou le ruban, au tiers de la hauteur du gâteau de 15 cm. Coupez et conservez le reste. Humidifiez légèrement les contours du gâteau et déposez les vêtements sur la ligne du fil. Ajoutez les pinces à linge. Placez les éléments de la barrière de la même façon.

6

Attachez le reste de fil ou de ruban aux extrémités des deux brochettes en bois, puis plantez ces dernières dans le gâteau. Pour terminer, placez les cerises aux endroits que vous souhaitez.

POUR 1 GÂTEAU

PRÉPARATION : 1 h 30 | **FACILE** | **RAISONNABLE**

Purple cake

TECHNIQUE : ***Réaliser des fleurs et feuillage en pâte d'amandes***

LES INGRÉDIENTS À PRÉPARER

POUR LES FLEURS ET FEUILLAGES

Sucre glace
200 g de pâte d'amandes violette
50 g de pâte à sucre verte

POUR LA BASE

2 cakes de 20 cm de diamètre (voir page 20), superposés (voir page 38) et recouverts de pâte d'amandes violette (voir page 92)
1 cake de 15 cm de diamètre (voir page 20), recouvert de pâte d'amandes violette (voir page 92)

LES USTENSILES À RASSEMBLER

POUR LES FLEURS ET FEUILLAGES

Rouleau à pâtisserie
Cuillère
Emporte-pièce rond ou verre de petite taille
Couteau
Pinceau

POUR LA BASE

Tamis
Moule à cake ou rond ou carré
Papier sulfurisé
Saladier

Préparez les gâteaux comme indiqué p. 20, recouvrez-les de pâte d'amandes (voir p. 92), puis superposez-les (voir p. 38).

1

Formez des fleurs. Saupoudrez le plan de travail avec du sucre glace pour limiter l'adhérence. Prélevez un peu de pâte d'amandes violette et étalez-la au rouleau. Découpez de petits disques de pâte de 3 cm de diamètre à l'emporte-pièce. Aplatissez un côté du disque avec le pouce. Façonnez ensuite une petite boule de pâte d'amandes en un socle allongé que vous posez sur le plan de travail.

2

3

Roulez un premier disque autour du socle pour former le premier pétale. Superposez ensuite les disques suivants un par un en les décalant légèrement à chaque fois. Pour former la rose, écartez légèrement les pétales pour former une fleur plus épanouie.

Formez des feuilles. Saupoudrez le plan de travail avec du sucre glace. Prélevez un peu de pâte d'amandes verte et étalez-la finement avec le rouleau. Découpez des feuilles dans la pâte d'amandes à l'aide d'un emporte-pièce ou d'un couteau. Avec le dos du couteau, marquez les nervures, une centrale et les autres obliques.

4

5

Placez une première rose avec deux pétales sur le dessus du plus gros gâteau, après avoir humidifié légèrement à l'aide du pinceau.

6

Recouvrez tout le pourtour du gâteau avec des roses et des pétales. Placez-en également trois sur le dessus du gâteau.

Ⓥ Autres types de déco

PAGE 164

GÂTEAU MOUSTACHE
Réaliser une décoration au pochoir

PAGE 168

GÂTEAUX CONFETTIS
Réaliser un emporte-pièce maison

PAGE 172

GÂTEAU MERINGUÉ
Réaliser des petites meringues colorées

PAGE 176

CHÂTEAU-FORT

Réaliser une construction pleine en gâteau

PAGE 180

MAISON EN PAIN D'ÉPICE

Réaliser une construction creuse

POUR 6 PERSONNES

PRÉPARATION : 30 min | **TRÈS FACILE** | **RAISONNABLE**

Gâteau moustache

TECHNIQUE : ***Réaliser une décoration au pochoir***

LES INGRÉDIENTS À PRÉPARER

LES USTENSILES À RASSEMBLER

POUR LA DÉCORATION

Sucre glace ou poudre de cacao

Feuille de papier épais (160 g à peu près)
Ciseaux
Cutter
Tamis

POUR LA RECETTE

1 *chiffon cake* de 20 cm de diamètre (voir page 24) recouvert de pâte à sucre noire (voir page 92)

VARIANTE

Vous pouvez réaliser une décoration au pochoir avec du glaçage royal : placez le pochoir sur votre gâteau et tenez-le bien, il ne faut pas qu'il bouge. À l'aide d'une spatule souple, étalez le glaçage royal directement sur le pochoir. Retirez délicatement le pochoir pour révéler les motifs.

1

Réalisez le gâteau comme indiqué p. 24, puis recouvrez-le de pâte à sucre noire (voir p. 92).

2

Pour réaliser le pochoir, imprimez la ou les formes sélectionnées (la moustache de la p. 215 par exemple) sur du papier épais. Dessinez un cercle de la taille de votre gâteau autour du motif à découper, en prenant le centre du motif comme centre du cercle.

3

Coupez tout autour du cercle, puis évidez le motif.

Placez le pochoir sur le gâteau et couvrez de sucre glace ou de poudre de cacao, selon la couleur de la pâte à sucre ou de la pâte d'amandes qui recouvre le gâteau.

4

5

POUR 6 PETITS GÂTEAUX

PRÉPARATION : 20 min | **CUISSON :** 15 min | **FACILE** | **ÉCONOMIQUE**

Gâteaux confettis

TECHNIQUE : ***Réaliser un emporte-pièce maison***

LES INGRÉDIENTS À PRÉPARER

LES USTENSILES À RASSEMBLER

POUR UN EMPORTE-PIÈCE

Ustensiles :

Canette de soda
ou un container en aluminium
ou des réceptacles de bougies chauffe-plat
en aluminium
Couteau pointu
Ciseaux
Règle
Rouleau à pâtisserie
Ruban adhésif

POUR LA BASE

Ingrédients :

1 cake de 20 cm de diamètre (voir page 20)
garni de crème au beurre
Pâte à sucre blanche
Pâtes à sucre colorées

Ustensiles :

Douille ronde

LE CONSEIL POUR RÉUSSIR

Protégez bien vos doigts en recouvrant les bords coupants avec du ruban adhésif.

1

Réalisez le cake comme indiqué p. 20. Coupez-le en deux dans l'épaisseur et garnissez-le de crème au beurre.

2

Faites des bandes. Pour tailler la canette, découpez le haut et le bas à l'aide d'un couteau pointu et de ciseaux. Découpez bien à l'horizontale pour obtenir un aluminium rectangulaire. Égalisez les rebords à l'aide d'une règle et coupez des bandes de 2 cm de largeur.

3

Façonnez un cercle. Encerclez l'aluminium autour d'un rouleau à pâtisserie, ou autre objet rond selon la taille que vous désirez. Coupez l'excès en laissant 1 cm et attachez l'aluminium à l'aide du ruban adhésif. Enlevez-le du rouleau et enveloppez les bords de ruban adhésif.

4

Façonnez un cœur. Prenez une bande de 21 cm de long. Rabattez les deux extrémités au milieu puis attachez-les avec du ruban adhésif vers l'intérieur.

Façonnez une fleur *cherry blossom*. Détachez le fond du porte-bougies et coupez la bande. Attachez les deux extrémités avec du ruban adhésif pour obtenir un cercle. Marquez le contour tous les 2,4 cm, puis pliez vers l'intérieur du cercle au niveau des marques. Utilisez un stylo pour courber ou former des pétales.

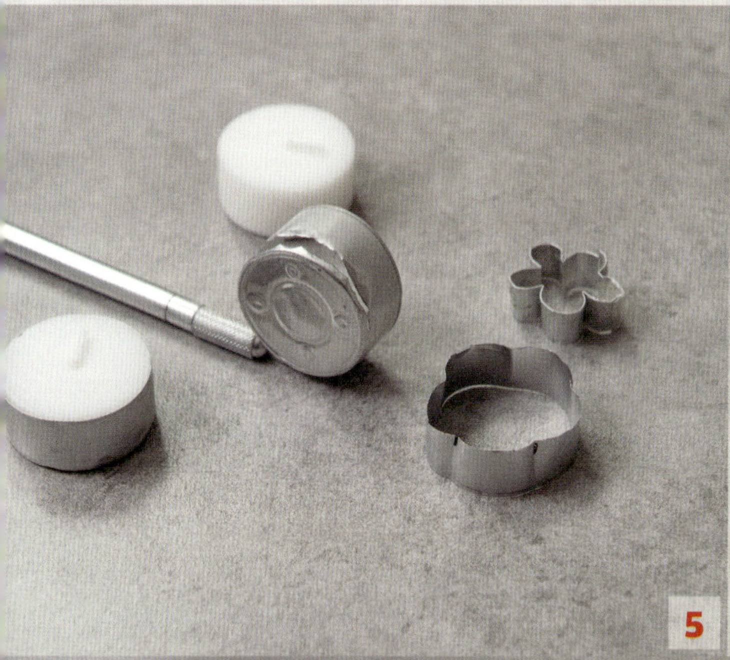

5

Coupez le gâteau à l'aide des emporte-pièce rond et cœur.

6

7

Recouvrez chaque petite portion de gâteau de crème au beurre puis de pâte à sucre (voir p. 92). À l'aide du trou d'une douille ronde, découpez de petits confettis dans les pâtes à sucre colorées.

POUR 80-100 MERINGUES

PRÉPARATION : 20 min | **CUISSON** : 2 h | **FACILE** | **RAISONNABLE**

Gâteau meringué

TECHNIQUE : ***Réaliser des petites meringues colorées***

LES INGRÉDIENTS À PRÉPARER

POUR LES MERINGUES

150 g de blancs d'œufs
150 g de sucre semoule
150 g de sucre glace
Quelques gouttes d'extrait de vanille ou de jus de citron
Colorant alimentaire vert

POUR LA BASE

2 *chiffon cakes* de 20 cm de diamètre (voir page 24) superposés (voir page 38) et recouverts de crème au beurre teintée en vert et aromatisée à la vanille

LES USTENSILES À RASSEMBLER

POUR LES MERINGUES

Fouet électrique
Plaque à pâtisserie
Poche à douille
Papier sulfurisé

POUR LA BASE

Tamis
Fouet ou robot
Saladier
Moule rond de 20 cm de diamètre
Papier sulfurisé

1

Préparez les gâteaux comme indiqué page 24. Superposez-les et recouvrez-les de crème au beurre.

2

Préchauffez le four à 80 °C (th. 2-3). Versez les blancs d'œufs, un tiers du sucre et les gouttes de vanille ou de citron dans le bol du batteur. Fouettez à puissance moyenne.

3

Dès que les blancs sont montés, ajoutez le reste du sucre en pluie et fouettez 1 min. Ajoutez le sucre glace et fouettez. La meringue doit être lisse et prendre forme. Lorsque la meringue est suffisamment brillante et a la forme d'un bec d'oiseau, elle est prête.

4

Répartissez la meringue dans quatre bols. Laissez le premier bol nature, puis ajoutez des gouttes de colorant alimentaire vert dans les trois autres (de façon à réaliser un dégradé de vert).

5

Versez le contenu du premier bol dans une poche à douille et dressez les meringues sur une plaque de cuisson recouverte de papier sulfurisé en leur donnant la forme souhaitée. Renouvelez l'opération avec les trois autres couleurs.

6

Faites cuire pendant 2 h. Les meringues sont cuites lorsqu'elles se décollent facilement. Sortez-les du four et laissez refroidir.

7

Recouvrez tout le pourtour et le dessus du gâteau en alignant les meringues par couleur. Si la crème au beurre est trop sèche et ne permet pas aux meringues de rester bien en place, ajoutez-en une nouvelle fine couche sur tout le gâteau.

8

Le gâteau meringué est prêt à être servi.

POUR 1 GÂTEAU

PRÉPARATION : 45 min | **CUISSON :** 10 à 12 min | **REPOS :** 1 h | **FACILE** | **RAISONNABLE**

Château-fort

TECHNIQUE : ***Réaliser une construction pleine en gâteau***

LES INGRÉDIENTS À PRÉPARER — LES USTENSILES À RASSEMBLER

POUR LES BISCUITS AU CHOCOLAT

500 g de farine	Saladier
360 g de sucre roux	Film alimentaire
50 g de cacao non sucré	Rouleau à pâtisserie
1 sachet de levure chimique	Plaque à pâtisserie
2 pincées de sel	Papier sulfurisé
2 œufs	
150 g de beurre mou	
Farine (pour le plan de travail)	

POUR LE GLAÇAGE

200 g de chocolat noir	Spatule
120 g de beurre	
150 g de sucre glace tamisé	
5 cl de lait demi-écrémé	

POUR LA CRÈME

150 g de chocolat noir	2 casseroles
2 cuil. à soupe de crème épaisse	

POUR LA BASE

2 gâteaux au chocolat carrés de 20 cm de côté (voir page 30), garnis de crème au beurre aromatisée au chocolat	Tamis
	Saladier
	Fouet
	Batteur électrique
	Moule rond de 25 cm de diamètre
	Papier sulfurisé

Préparez le gâteau au chocolat garni de crème, qui servira de base au château-fort.

1

Préparez les biscuits. Mettez les ingrédients secs dans un saladier. Ajoutez les œufs et le beurre, et mélangez bien à la main jusqu'à l'obtention d'une pâte lisse et homogène. Formez une boule et enveloppez-la dans du film alimentaire. Laissez reposer au frais 1 h. Préchauffez le four à 180 °C (th. 6). Étalez la pâte sur un plan de travail fariné. Découpez 32 petits rectangles pour les murs et le reste de pâte en disques de 6 cm de diamètre. Faites cuire sur une plaque recouverte de papier sulfurisé 10 à 12 min. Dès que les biscuits sont cuits, sortez-les et attendez quelques minutes avant de les retirer de la plaque.

2

3

Coupez les 4 coins du gâteau à l'aide d'un emporte-pièce rond de 6 cm de diamètre.

4

Préparez le glaçage (voir p. 82). Recouvrez le gâteau de ce glaçage à l'aide d'une spatule.

Installez les biscuits un par un sur le gâteau en commençant par le bas. Pour les derniers niveaux, alternez biscuits à la verticale et petits biscuits à l'horizontale. Faites les 3 murs complets et laissez une ouverture pour la porte dans le quatrième.

5

Faites fondre le chocolat noir au bain-marie et ajoutez la crème. Mélangez bien. Façonnez 4 tours en superposant les biscuits ronds avec la crème au chocolat. Collez-les aux 4 coins du château.

6

7

Ajoutez quelques petits biscuits rectangulaires sur les tours.

8

Le château-fort est prêt à être dégusté ou décoré. Vous pouvez réaliser 4 drapeaux en papier sur des piques et les insérer sur les tours.

POUR UNE MAISON

PRÉPARATION : 15 min | **CUISSON :** 12 min | **REPOS :** 1 h | **FACILE** | **RAISONNABLE**

Maison en pain d'épice

TECHNIQUE : ***Réaliser une construction creuse***

LES INGRÉDIENTS À PRÉPARER

POUR LE MONTAGE

Glace royale (voir page 58)

POUR LE PAIN D'ÉPICE

150 g de beurre
125 g de cassonade
250 g de miel
2 œufs
600 g de farine
½ sachet de levure chimique
1 cuil. à café de cannelle
1 cuil. à café de gingembre
1 cuil. à café de noix muscade
1 cuil. à café de clous de girofle moulus
1 pincée de sel

LES USTENSILES À RASSEMBLER

POUR LE MONTAGE

Poche à douille
Ciseaux
Petite boîte carrée ou rectangulaire

POUR LE PAIN D'ÉPICE

Casserole
Saladier
Patrons des différents éléments de la maison (voir page 212)
Roulette ou couteau
Petit emporte-pièce en forme d'étoile
Plaque à pâtisserie
Feuille de papier sulfurisé

1

Préparez l'appareil. Dans une casserole à feu doux, faites complètement fondre le beurre et la cassonade. Laissez tiédir. Ajoutez le miel et les œufs. Mélangez bien.

2

Dans un saladier, mélangez la farine, la levure, le sel et les épices. Ajoutez ce mélange dans la casserole et mélangez bien.

3

Sortez la préparation de la casserole, puis travaillez la pâte pour obtenir une boule homogène. Laissez reposer pendant au moins 1 h.

4

Pendant ce temps, découpez le modèle de la maison (voir p. 212) dans un carton. Préchauffez le four à 180 °C (th. 6).

Farinez le plan de travail et étalez la pâte sur 7 mm d'épaisseur. Avec un couteau, découpez dans la pâte la forme des pièces de la maison ainsi que les vitres, la porte et les étoiles en haut des murs des côtés. Enfournez sur une plaque munie d'une feuille de papier sulfurisé pour 12 min. Surveillez la cuisson régulièrement. Les biscuits sont prêts lorsqu'ils sont bien dorés.

5

6

Préparez le glaçage royal, mettez-le dans une poche à douille et coupez le bout de la poche avec des ciseaux.

Badigeonnez le côté de l'un des petits murs de la maison avec du glaçage et assemblez-le avec un grand mur.

Placez la petite boîte pour bien positionner les murs à angle droit. Remettez du glaçage si besoin. Laissez sécher.

7

8

Procédez de la même manière avec les deux autres murs, puis assemblez-les.

Mettez une bonne couche de glaçage sur les bords supérieurs des murs et assemblez les toits.

9

10

Décorez la maison avec du glaçage pour figurer les fenêtres. Décorez la porte et assemblez-la à l'aide du glaçage.

11

Décorez le toit et les contours de la maison. Laissez bien sécher avant de déplacer.

VI Pièces montées

PAGE 188

PIÈCE MONTÉE TOUT CHOUX

Réaliser des choux • Faire du caramel de montage

PAGE 202

PIÈCE MONTÉE BAPTÊME

Réaliser des chaussures de bébé en pâte à sucre

PAGE 194

PIÈCE MONTÉE EN MACARONS

Réaliser des coques de macarons

PAGE 208

PIÈCE MONTÉE *POP*

Faire des sablés pop

POUR 1 PIÈCE MONTÉE

PRÉPARATION : 20 min | **CUISSON :** 30 à 35 min | **UN PEU DIFFICILE** | **RAISONNABLE**

Pièce montée tout choux

TECHNIQUE : ***Réaliser des choux • Faire du caramel de montage***

LES INGRÉDIENTS À PRÉPARER	LES USTENSILES À RASSEMBLER
POUR LA PÂTE À CHOUX	
25 cl d'eau 50 cl de lait entier 2 g de sel 200 g de beure 400 g de farine 8 œufs entiers	Casserole Spatule Poche munie d'une douille lisse de 10 Plaque de four Papier sulfurisé
POUR LA CRÈME PÂTISSIÈRE	
1 l de lait 1 gousse de vanille 6 jaunes d'œufs 220 g de sucre 100 g de farine Beurre	Casserole Fouet Film alimentaire Poche à douille lisse de 1,5 cm de diamètre Couteau
POUR LA GLACE ROYALE	
3 blancs d'œufs 1 cuil. à café d'extrait de vanille 500 g de sucre glace Jus de 1 citron Colorant alimentaire bleu	Robot muni d'un batteur plat Poche munie d'une douille Spatule à pâtisserie
POUR LE CARAMEL DU MONTAGE	
500 g de sucre en morceaux 100 g de glucose cristal (ou 20 cl d'eau) Sucre en grains	Casserole Cuillère en bois

LE CONSEIL POUR RÉUSSIR

Pour éviter qu'une croûte sèche ne se forme à la surface de la crème pâtissière en refroidissant, déposez quelques noisettes de beurre sur la surface ou couvrez-la d'un film alimentaire directement au contact de la crème.

Préparez les ingrédients. Dans un saladier, mélangez l'eau, le lait, le sel et le beurre. Versez dans une casserole et faites bouillir. Retirez du feu et versez la farine en une seule fois, puis mélangez à la spatule.

1

2

Remettez la casserole sur le feu en remuant avec la spatule pour dessécher la pâte jusqu'à ce qu'elle se détache des bords de la casserole et qu'elle forme une boule.

Ajoutez les œufs un par un. Au début, l'œuf a du mal à s'incorporer, mais petit à petit celui-ci se mélange parfaitement bien à l'appareil. La pâte est prête quand elle bien souple. Elle doit être utilisée immédiatement.

3

4

Mettez la pâte dans une poche munie d'une douille lisse de 10. Préchauffez le four en chaleur tournante à 180 °C (th. 6). Dressez les petits choux sur une plaque recouverte de papier sulfurisé. Enfournez 25 à 30 min jusqu'à ce que la pâte soit bien dorée. N'ouvrez jamais la porte du four durant la cuisson, les choux retomberaient.

Préparez la crème pâtissière. Dans une casserole, faites bouillir à feu doux le lait avec la gousse de vanille et ses graines. Pendant ce temps, dans un saladier, faites blanchir les jaunes d'œufs avec le sucre en fouettant vigoureusement. Ajoutez progressivement la farine et mélangez bien. Lorsque le lait arrive à ébullition, versez-le sur le mélange. Mélangez bien.

5

Reversez la préparation dans une casserole et laissez cuire pendant 4 à 5 min en remuant constamment jusqu'à l'obtention d'une consistance épaisse. Lorsque la crème est cuite, hors du feu, continuez à la fouetter pour qu'elle refroidisse rapidement. Versez la crème dans un récipient froid et couvrez-la au contact de film alimentaire.

6

7

Lorsque la crème est froide, transférez-la dans une poche à douille lisse de 1,5 cm de diamètre. Percez les choux avec la pointe d'un couteau. Remplissez par le dessous les choux de crème pâtissière.

8

Préparez la glace royale comme indiqué p. 58. Divisez-la dans deux bols, puis ajoutez un peu de colorant bleu dans l'un d'eux. Trempez les choux délicatement dans la glace royale (en alternant glaçage bleu et glaçage blanc). Laissez sécher.

Préparez le caramel de montage. Faites chauffer le sucre et le glucose (ou l'eau) dans une casserole à feu moyen. Remuez tout doucement avec une cuillère en bois pour que le sucre se dissolve bien. Lorsque le sucre est bien dissous, trempez le bout des choux dans le caramel blond. Placez un premier cercle de choux sur le plat de service ou sur une grille.

9

10

Montez les choux en les superposant et en les collant grâce au caramel, en alternant les choux blancs et les choux bleus.

11

Ajoutez des petites billes de sucre argentées sur les choux avant de servir.

POUR 1 PIÈCE MONTÉE

PRÉPARATION : 20 min | **CUISSON :** 12 min | **REPOS :** 1 h + 1 nuit **(POUR LES MACARONS)** | **ASSEZ FACILE** | **RAISONNABLE**

Pièce montée en macarons

TECHNIQUE : ***Réaliser des coques de macarons***

LES INGRÉDIENTS À PRÉPARER

LES USTENSILES À RASSEMBLER

POUR LES MACARONS

Ingrédients :

160 g de sucre glace
160 g de poudre d'amandes
140 g de blancs d'œufs (4 gros) à température ambiante
180 g de sucre
Colorant alimentaire orange foncé
Colorant alimentaire vert pâle
Colorant alimentaire orange pâle

Ustensiles :

Saladier
Tamis
Batteur électrique
Emporte pièce rond de 3 cm de diamètre
Spatule
Plaque à pâtisserie
Papier sulfurisé
Poche munie d'une douille

POUR LA BASE

Ingrédients :

2 *chiffon cakes* (voir page 24) de 25 cm de diamètre, superposés et recouverts de pâte à sucre vert pâle
2 *chiffon cakes* (voir page 24) de 20 cm de diamètre, superposés et recouverts de pâte à sucre orange foncé
1 *chiffon cake* (voir page 24) de 15 cm de diamètre, recouvert de pâte à sucre orange pâle

Ustensiles :

Carton plume de 1 cm d'épaisseur
Ruban de 1 cm de large orange foncé
Ruban de 1 cm de large orange pâle
Papier blanc
Compas
Cutter

POUR LE MONTAGE

Glace royale (voir recette page 58)

1

La veille, préparez les *chiffon cakes* comme indiqué p. 24, et recouvrez-les de pâte à sucre (comme indiqué p. 92). Conservez-les au frais.

2

Dans un saladier, tamisez ensemble le sucre glace et la poudre d'amandes afin d'obtenir des macarons bien lisses.

3

Versez les blancs d'œufs dans un saladier et fouettez à vitesse moyenne.

Lorsque les blancs commencent à former une mousse, versez la moitié de sucre. Battez jusqu'à ce que la mousse forme un bec.

Ajoutez le reste du sucre et montez la vitesse. Les blancs sont prêts lorsque le sucre est bien dissout.

4

5

Versez le mélange poudre d'amandes-sucre glace sur les blancs. Commencez à macaroner à la main avec une spatule.

Séparez les blancs en trois parts (attention, pas trois parts égales, il vous faudra plus de coques vertes que de coques orange pâle). Ajoutez le colorant dans chaque part.

6

7

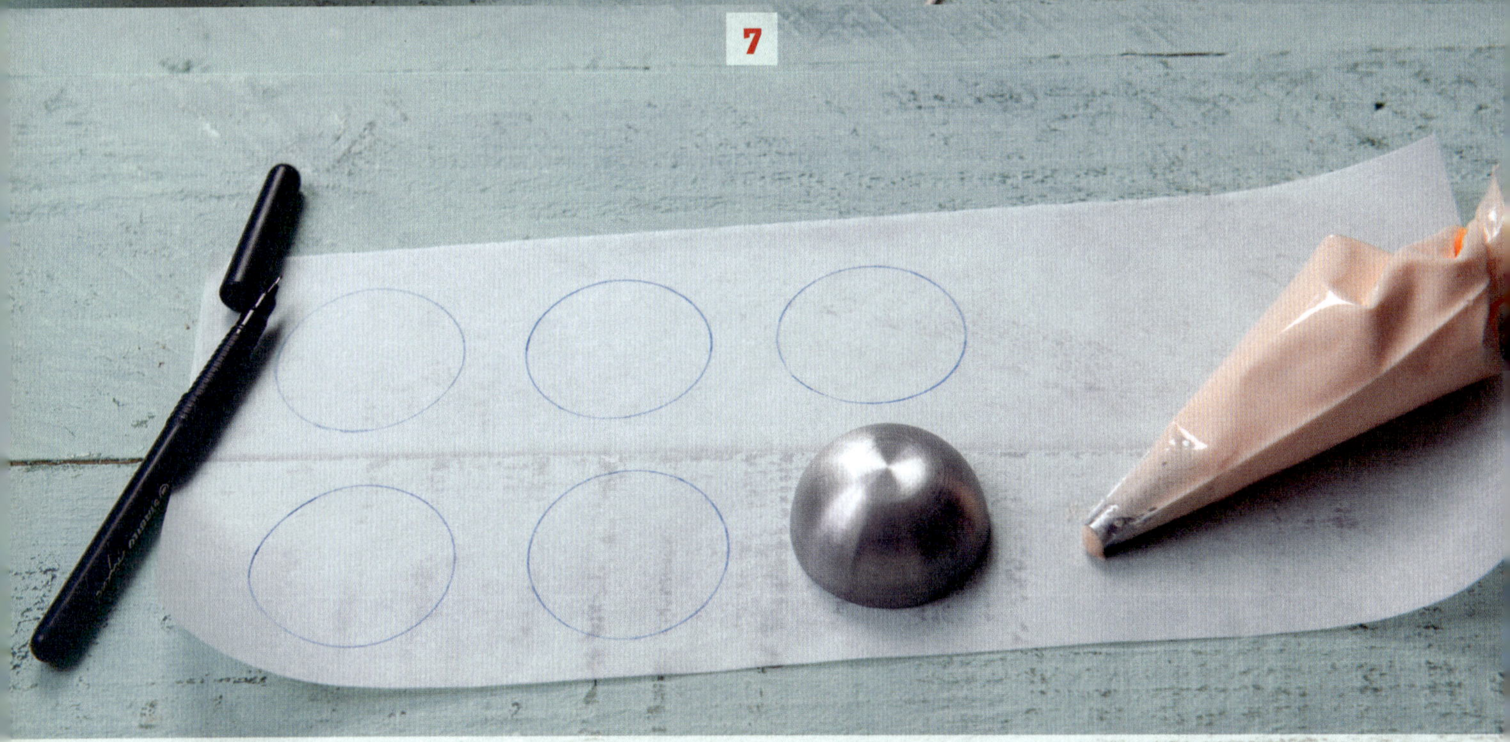

À l'aide d'un emporte-pièce ou d'un petit bol retourné (environ 3 cm de diamètre), dessinez le patron des macarons sur du papier cuisson. Cela vous permettra d'avoir des coques de la même taille.

8

Placez le papier cuisson sur une plaque et dressez les coques des macarons à l'aide d'une poche munie d'une douille. Laissez croûter pendant 1 h loin de l'humidité et enfournez pour 12 à 14 min (selon la taille des macarons) à 150 °C (th. 5).

9

Attendez 10 min avant de décoller les coques du papier sulfurisé. Réservez-les au réfrigérateur pour au moins 1 nuit.

Le lendemain, coupez deux cercles de carton plume de 10 cm de diamètre et quatre cercles en papier de même diamètre.

Collez le papier sur chaque face de polystyrène. Entourez chaque cercle de polystyrène d'un ruban et faites un nœud.

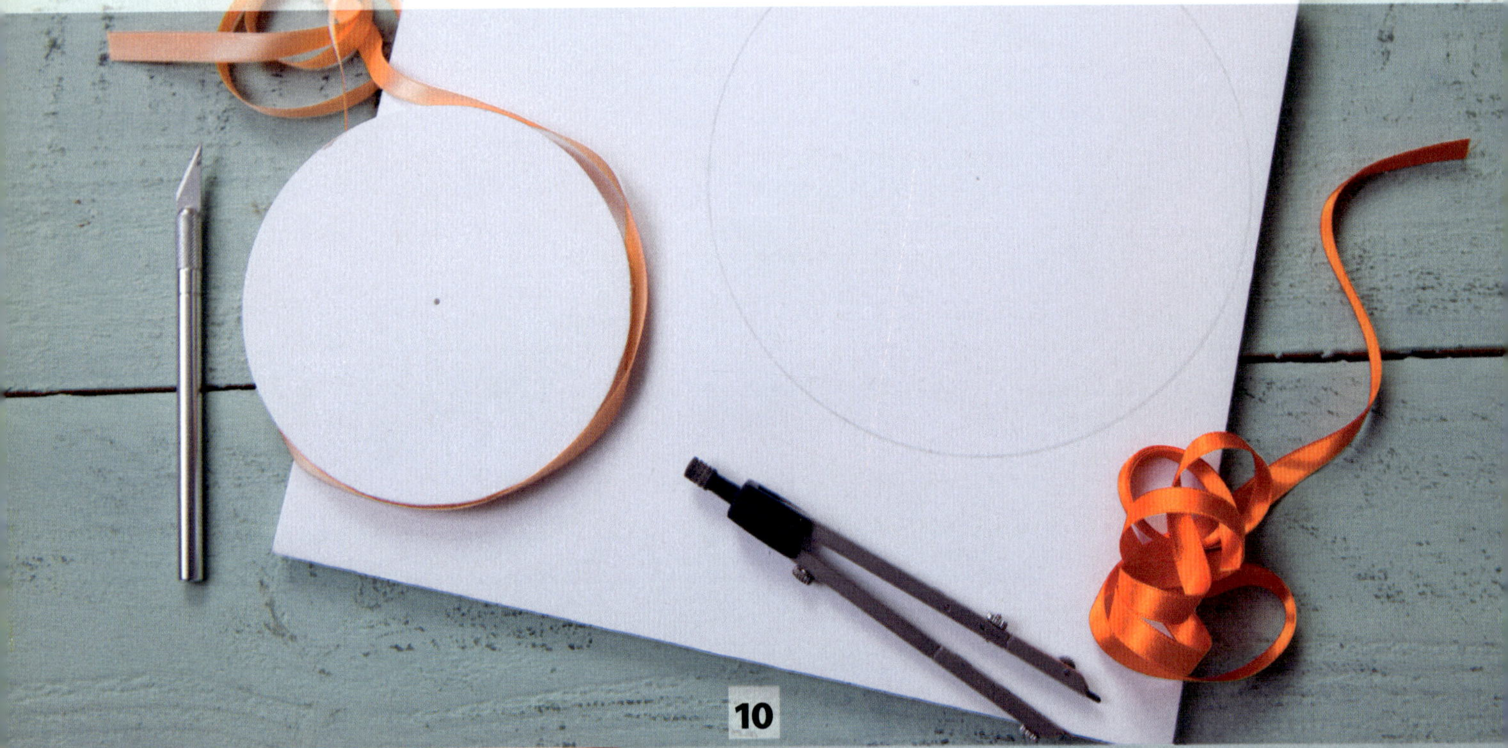

10

11

Réalisez la glace royale comme indiqué p. 58. Badigeonnez les coques de macarons orange pâle et placez-les sur tout le contour du gâteau orange pâle.

Renouvelez l'opération avec le gâteau orange foncé et le gâteau vert.

12

13

Badigeonnez l'un des cercles de glace royale et placez-le au centre du gâteau orange foncé. Faites la même chose avec le deuxième cercle et le gâteau vert.

14

Superposez les trois gâteaux.

POUR 20 PERSONNES

PRÉPARATION : 4 h | ASSEZ FACILE | RAISONNABLE

Pièce montée baptême

TECHNIQUE : *Réaliser des chaussons de bébé en pâte à sucre*

LES INGRÉDIENTS À PRÉPARER / LES USTENSILES À RASSEMBLER

POUR LES CHAUSSONS

Ingrédients

300 g de pâte à sucre rose pâle
Tylose en poudre
(gomme en poudre) (facultatif)

Ustensiles

Rouleau à pâtisserie
Feuille cartonnée, stylo
Patrons des chaussons (voir page 213)
Couteau
Colle alimentaire ou eau
Pinceau

POUR LA BASE

Ingrédients

1 génoise à la vanille de 10 cm de diamètre (voir page 26) recouverte de crème au beurre et de pâte à sucre blanche
1 génoise à la vanille de 15 cm de diamètre (voir page 26) recouverte de crème au beurre et de pâte à sucre blanche
1 génoise à la vanille de 20 cm de diamètre (voir page 26) recouverte de crème au beurre et de pâte à sucre blanche
2 génoises à la vanille de 25 cm de diamètre (voir page 26) superposées et recouvertes de crème au beurre et de pâte à sucre blanche

Ustensiles

Fouet
Moule rond de 25 cm de diamètre

POUR LA DÉCORATION

Ingrédients

300 g de pâte à sucre blanche
Des billes alimentaires blanches
3 blancs d'œufs
1 cuil. à café d'extrait de vanille
500 g de sucre glace
Jus de 1 citron
Colorant alimentaire bleu (facultatif)

Ustensiles

Emporte-pièce : papillon (de deux tailles différentes), triangle et fleur à 4 pétales
Poche à douille
2 pochettes plastifiées

1

Un ou deux jours à l'avance, étalez la pâte à sucre blanche. Coupez des papillons dans la pâte à sucre à l'aide de l'emporte-pièce et laissez-les sécher sur un carton plié en deux pour avoir la forme. Coupez les triangles et les fleurs des deux tailles différentes et placez-les dans les pochettes plastifiées.

2

Le jour même, préparez les 4 gâteaux comme indiqué p. 26. Recouvrez-les de pâte à sucre blanche (voir p. 92), puis empilez-les (voir p. 38).

3

Confectionnez les chaussons. Décalquez et transférez les éléments du modèle de chausson sur une feuille. Découpez-les. Travaillez la pâte à sucre rose puis étalez-la sur le plan de travail. Disposez le modèle de chausson sur la pâte à sucre épaisse, et découpez celle-ci à l'aide d'un couteau. Le patron est pour la chaussure droite ; retournez simplement le patron pour faire celle de gauche.

Lorsque les pièces sont coupées, rassemblez le contour sur la semelle avec de la colle alimentaire ou de l'eau à l'aide d'un pinceau. Rejoignez le marquage (A) avec le marquage (B) pour avoir une forme de chausson. Tirez ensuite sur le point (C) qui est la sangle jusqu'au point (D). Pour garder la forme des chaussons pendant le séchage, insérez délicatement du papier absorbant dans les chaussons.

4

5

Humidifiez les papillons à l'aide d'un pinceau, puis répartissez-les sur le premier étage du gâteau.

Humidifiez ensuite les triangles avec un pinceau, puis dipsosez-les sur une partie du deuxième étage du gâteau.

6

7

Préparez la glace royale comme indiqué p. 58. Versez-la dans une poche à douille. Dessinez des lignes sur tout le pourtour du troisième étage du gâteau.

Humidifiez légèrement le quatrième étage du gâteau à l'aide d'un pinceau et alignez ensuite les fleurs. Placez les billes alimentaires sur les fleurs en appuyant légèrement dessus avec très peu d'eau.

8

9

Décorez les chaussures avec des petites fleurs, de la dentelle, des rubans, etc., selon votre choix.

10

Déposez les chaussures au sommet du gâteau.

POUR 20 PERSONNES

PRÉPARATION : 3 h | **FACILE** | **RAISONNABLE**

Pièce montée *pop*

TECHNIQUE : ***Faire des sablés pop***

LES INGRÉDIENTS À PRÉPARER

LES USTENSILES À RASSEMBLER

POUR LES SABLÉS *POP*

250 g de farine	Rouleau à pâtisserie
125 g de beurre mou	Emporte-pièce rond de 3 cm de diamètre
70 g de sucre	Piques en bois
1 jaune d'œuf	Polystyrène
5 cl d'eau	
Glace royale bleue, rose et jaune (voir technique p. 58)	

POUR LA BASE

2 *chiffon cakes* au café (voir page 24) de 15 cm de côté superposés et recouverts de pâte à sucre bleu pâle (voir page 92)	Emporte-pièce fleur
2 *chiffon cakes* au café (voir page 24) de 20 cm de côté superposés et recouverts de pâte à sucre jaune pâle (voir page 92)	
2 *chiffon cakes* au café (voir page 24) de 25 cm de côté superposés et recouverts de pâte à sucre rose pâle (voir page 92)	

POUR LA DÉCORATION

5 *cake pops* (voir page 74)	Rouleau à pâtisserie
100 g de chocolat blanc	Pinceau
Petites billes de sucre multicolores	
Pâte à sucre bleu pâle	
Pâte à sucre rose pâle	
Pâte à sucre jaune pâle	

Préparez les gâteaux comme indiqué p. 24, en ajoutant quelques gouttes d'extrait de café dans la pâte. Recouvrez-les de pâte à sucre (voir p. 92). Superposez-les (voir p. 38).

1

Préparez les *cake pops*. Suivez la recette p. 74 pour l'appareil.

2

3

Façonnez des boules entre vos mains, aplatissez-les, puis coupez-les avec l'emporte-pièce fleur. Plantez chaque fleur sur une pique. Faites fondre le chocolat blanc et versez des petites billes de sucre dans un ramequin. Trempez les fleurs dans le chocolat blanc, puis dans les billes de sucre. Laissez sécher en plantant les *cake pops* dans du polystyrène.

4

Préparez les biscuits sablés. Mélangez la farine, le beurre mou, le sucre, le jaune d'œuf et un peu d'eau jusqu'à former une boule de pâte. Étalez-la sur 5 mm d'épaisseur et coupez des ronds de 3 cm de diamètre.

5

Nappez-les de glace royale, puis parsemez-les de billes de sucre. Laissez sécher.

6

Étalez de la pâte à sucre bleue et coupez 4 bandes de 2 cm de large. Humidifiez les bandes avec un peu d'eau à l'aide d'un pinceau alimentaire. Parsemez de petites billes de sucre. Renouvelez l'opération avec de la pâte à sucre jaune pâle et rose pâle.

7

Humidifez le bas de chaque gâteau, puis placez les bandes de pâte à sucre.

8

Pour terminer, plantez les *cake pops* et les sablés dans les gâteaux.

Vous trouverez sur les pages suivantes les patrons pour réaliser certains gâteaux du livre. À vous de les photocopier en les agrandissant si besoin avant de les découper et de les utiliser.

Patrons de la maison en pain d'épice

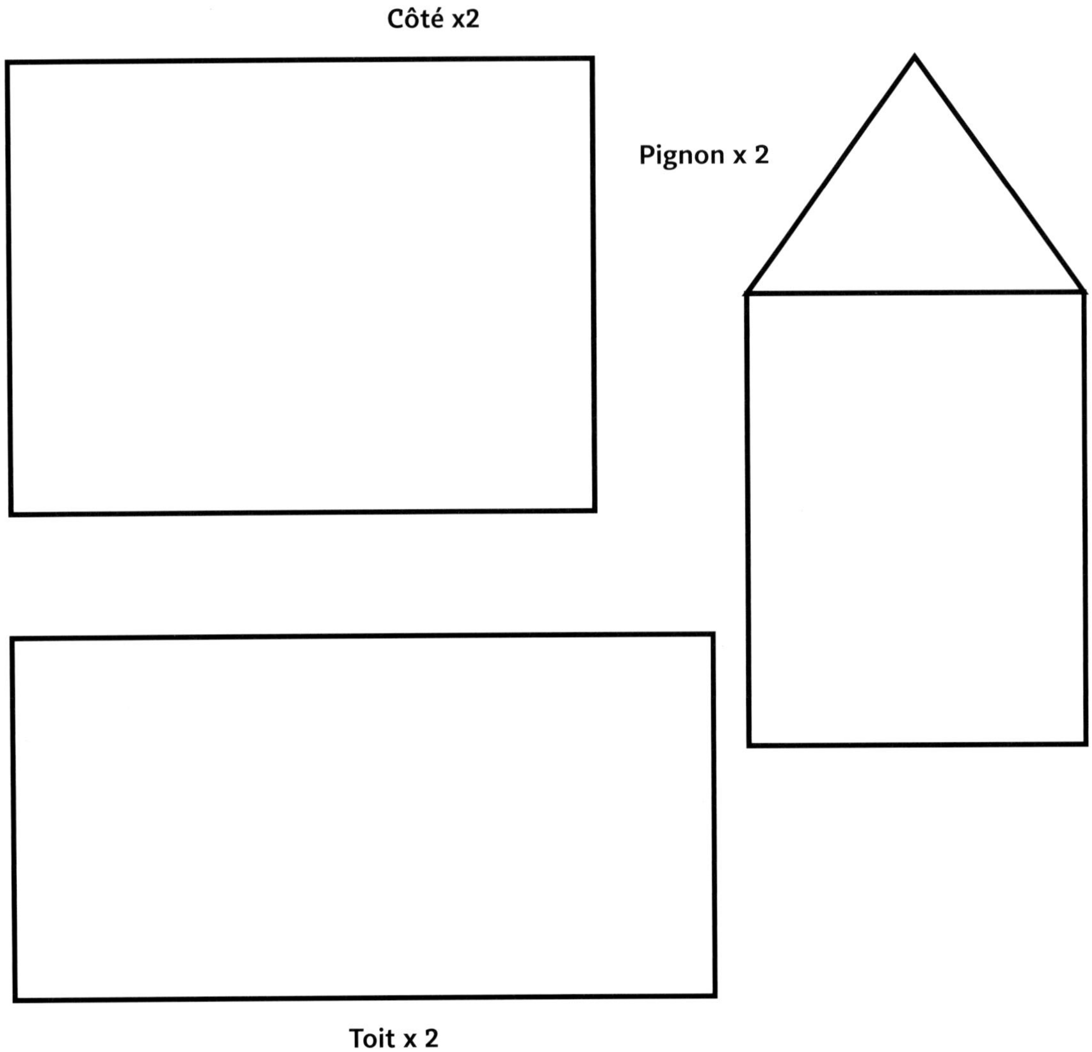

Patron des chaussons de bébé

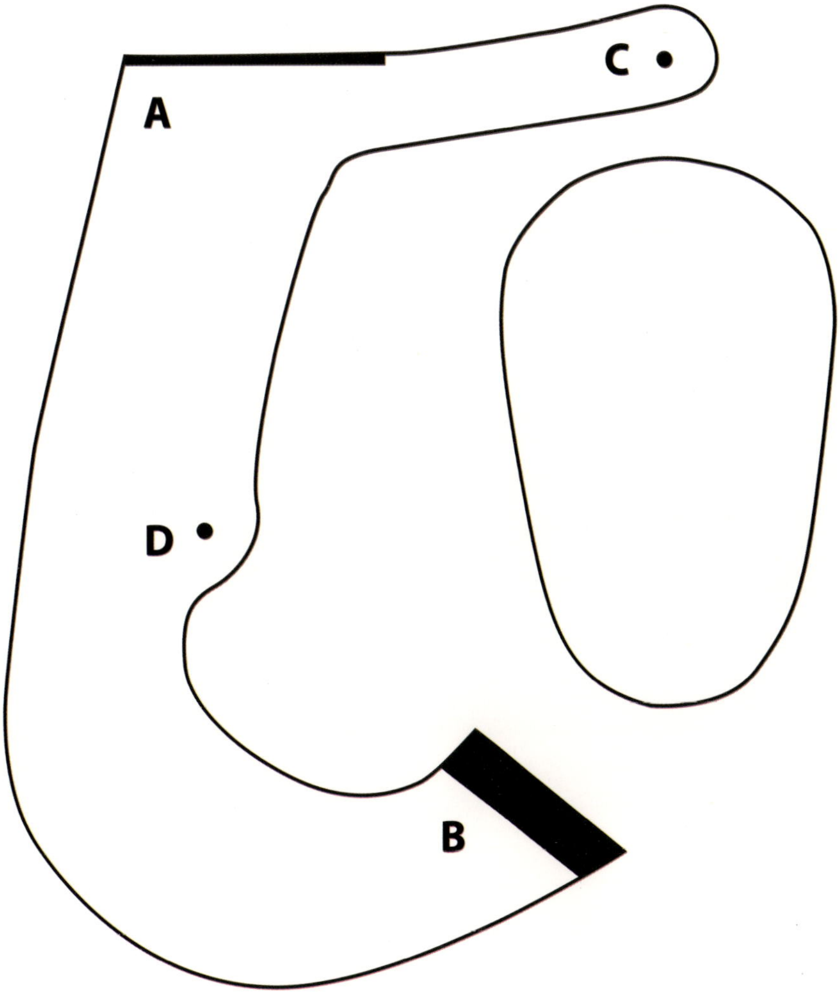

Patrons pour le gâteau *I love Paris*

Image pour l'étage du bas (ville 1er plan)

Image pour l'étage du milieu (ville lointaine)

Patrons pour le gâteau Jardin à la campagne

Pinces à linge à dupliquer

Chaussettes

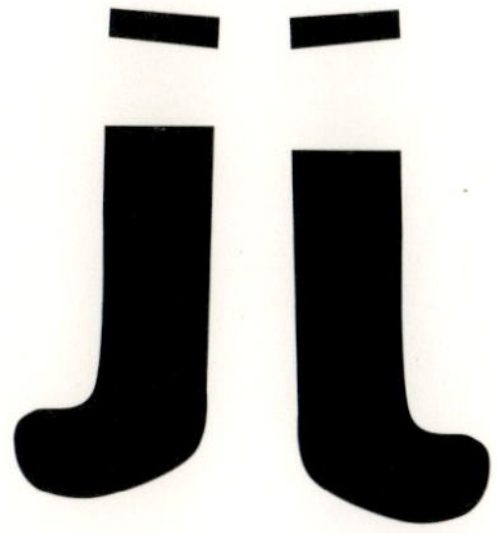

Pantalon

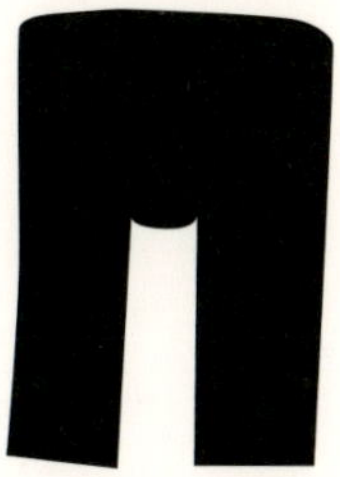

Genouillères

Jupe

Éléments de la barrière

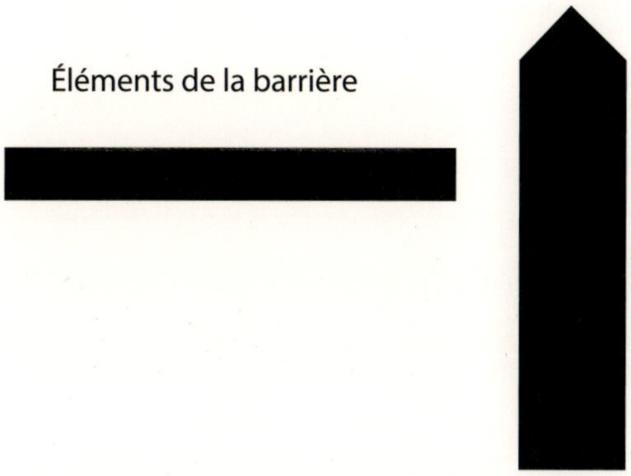

Patrons divers

Pliure

Mesures et équivalences

Mémo pour mesurer les ingrédients sans balance

Ingrédients	*1 cuil. à café*	*1 cuil. à soupe*	*1 verre à moutarde*
Beurre	*7 g*	*20 g*	–
Cacao en poudre	*5 g*	*10 g*	*90 g*
Crème épaisse	*1,5 cl*	*4 cl*	*20 cl*
Crème liquide	*0,7 cl*	*2 cl*	*20 cl*
Farine	*3 g*	*10 g*	*100 g*
Gruyère râpé	*4 g*	*12 g*	*65 g*
Liquides divers (eau, huile, vinaigre, alcools)	*0,7 cl*	*2 cl*	*20 cl*
Maïzena®	*3 g*	*10 g*	*100 g*
Poudre d'amandes	*6 g*	*15 g*	*75 g*
Raisins secs	*8 g*	*30 g*	*110 g*
Riz	*7 g*	*20 g*	*150 g*
Sel	*5 g*	*15 g*	–
Semoule, couscous	*5 g*	*15 g*	*150 g*
Sucre en poudre	*5 g*	*15 g*	*150 g*
Sucre glace	*3 g*	*10 g*	*110 g*

Pense-bête pour mesurer les liquides

1 verre à liqueur = 3 cl

1 verre à moutarde = 20 cl

1 bol = 35 cl

1 tasse à café = 8 à 10 cl

1 mug = 30 cl

Bon à savoir

1 œuf = 50 g

1 noisette de beurre = 5 g

1 noix de beurre = 15 à 20 g

Bien régler son four

Température (°C)	*Thermostat*
30	*1*
60	*2*
90	*3*
120	*4*
150	*5*
180	*6*
210	*7*
240	*8*
270	*9*

Index des techniques

LES BASES DE GÂTEAU

LE TRAVAIL DE LA PÂTE À SUCRE

LE TRAVAIL DE LA PÂTE D'AMANDES

LE TRAVAIL DU CHOCOLAT

Index des techniques

TECHNIQUES DE DÉCORATION

LES GLAÇAGES ET LES CRÈMES

NOUVEAUTÉ

À PARAÎTRE

GÂTEAUX DÉCORÉS comme un chef pâtissier

X X X

REMERCIEMENTS

Ce livre a été le plus grand challenge de ma vie professionnelle
et n'aurait pu être réalisé sans l'aide de nombreuses personnes merveilleuses.
Tout d'abord, je remercie Clarisse, ma petite nièce, grâce à laquelle j'ai découvert cette passion.
Mon mari, le souffle dans mes ailes, Thierry François, pour son amour et ses encouragements intarissables
qui m'ont portée dans une direction que je n'avais jamais imaginée.
Et bien sûr, mon rayon de soleil, mon adorable petite fille, Anastasia, la source de mon inspiration…
Je remercie Catherine Talec, mon éditrice, qui m'a accordé cette opportunité en toute confiance ;
Celine Le Lamer et Anne Vallet qui, avec leur compétence, beaucoup de patience et de bonne humeur,
nous ont suivies jusqu'à la fin. Je n'oublierai jamais les bons moments passés avec Soizic, la styliste,
et Joanna, la photographe, toutes deux compétentes, sérieuses et travaillant avec beaucoup d'excellence.
Je remercie Dominique Pascal-Francois, ma cousine, de m'avoir aidée dans la rédaction des recettes,
et ma belle-sœur, Mireille François, d'avoir été présente avec enthousiasme quand j'avais le plus besoin d'elle.
Je remercie toute ma famille de m'avoir soutenue…

Sally François

Je remercie les Editions Hachette pour nous avoir fait confiance sur cette première collaboration avec Joanna.
Merci à Anne Vallet pour son accompagnement tout au long du projet.
Merci surtout à Sally pour sa patience, sa motivation et sa flexibilité. Ce fut un projet à la fois déroutant,
gigantesque et très enrichissant ! La pâte à sucre n'a désormais plus de secret pour nous... enfin presque !

Soizic Chomel de Varagnes

58, rue Jean Bleuzen – 92178 Vances Cedex

Direction : Catherine Saunier-Talec
Responsable artistique : Antoine Béon
Responsable éditoriale : Céline Le Lamer
Responsable de projet : Anne Vallet
Conception intérieure et couverture : Nicole Dassonville
Réalisation intérieure : IDT
Correction : Claire Fontanieu
Fabrication : Amélie Latsch
Responsable partenariats : Sophie Morier (smorier@hachette-livre.fr)

PAPIER À BASE DE FIBRES CERTIFIÉES

hachette s'engage pour l'environnement en réduisant l'empreinte carbone de ses livres. Celle de cet exemplaire est de :
1,69 kg éq. CO_2
Rendez-vous sur www.hachette-durable.fr

Dépôt légal : mai 2015
29-1121-3/01
ISBN : 978-2-01-116760-6
Imprimé en Espagne par Macrolibros

euilles
automne
Tamisez le sucre glace
Gâteau
au chocolat
Monter les blancs
en neige
Sablés
décorés
Cupcakes
per un chapeau sur
premier gâteau
Étalez la pâte
Utilisez la poche à 45°
Ajoutez le beurre,
la farine et le sel
Panier
de
fleurs
Tout choco
Étalez la crème
e manière régulière
Faites fondre
le beurre
Préparez les copeaux
Enfournez pour 45 min
Purple
cake
Bouquet
de roses
Mettez la crème
dans la poche munie
de la douille M1
Étalez
pâtes d'amandes
sur du papier
sulfurisé
Ajoutez
des fleurs
en pâte
á sucre
Gâteau
Arlequin

Feuilles d'automne
Tamisez le sucre glace
Gâteau au chocolat
Monter les blancs en neige
Couper un chapeau sur le premier gâteau
Sablés décorés
Étalez la pâte
Cupcak
Utilisez la poche à
Étalez la crème de manière régulière
Faites fondre le beurre
Ajoutez le beurre, la farine et le sel
Panier de fleurs
Tout choco
Préparez les copeau
Purple cake
Bouquet de roses
Mettez la crème dans la poche munie de la douille M1
Enfournez pour 45
Étalez les pâtes d'amandes sur du papier sulfurisé
Ajoutez des fleurs en pâte á sucre
Gâteau Arlequin